▶ **教育部人文社会科学研究规划基金项目**

"知识转化与身份获得：实习生与重要他人互动模式研究"
批号：10YJA880017

ZHONGWENSHIFANSHIXISHENG
JIAOXUESHIXIDEZHIXINGYANJIU

中文师范实习生
教学实习的质性研究

王 倩／著

天津出版传媒集团

天津教育出版社
TIANJIN EDUCATION PRESS

图书在版编目（CIP）数据

中文师范实习生教学实习的质性研究 / 王倩著.--
天津：天津教育出版社，2012.12
ISBN 978-7-5309-6917-5

Ⅰ.①中… Ⅱ.①王… Ⅲ.①师范教育—教育实习—
研究 Ⅳ.①G658

中国版本图书馆 CIP 数据核字(2012)第 243886 号

中文师范实习生教学实习的质性研究

出 版 人	胡振泰
作 者	王 倩
责任编辑	田 昕
装帧设计	郭亚非

出版发行	天津出版传媒集团
	天津教育出版社

天津市和平区西康路 35 号 邮政编码 300051
http://www.tjeph.com.cn

印 刷	唐山天意印刷有限责任公司
版 次	2012 年 11 月第 1 版
印 次	2012 年 11 月第 1 次印刷
规 格	16 开(787×1092 毫米)
字 数	140 千字
印 张	14
定 价	28.00

目　　录

绪 论

一、研究背景

近年来,高等师范院校的教育实习有一些新的变化,一方面是出现了新问题,诸如实习基地不稳定、实习生与指导教师合作不力等等;同时,相关行政管理机构也拿出了一些新的对策,如延长实习时间、出台多样化的实习模式等等,相关研究者对教育实习的研究也在逐渐深化。这些新问题和新对策多了,就进一步引发出这样的问题:高师院校教育实习何以出现这些变化?我们又怎样通过深化研究、调整对策,更充分地发挥教育实习的效能? 这就需要系统了解产生以上变化的时代背景以及时代提出的新要求。

(一)教师终身发展和教师教育一体化的时代要求

近年来对教育实习的反思以及明显深化的教育实习研究,首先是由教师教育一体化的专业发展要求所激发的。

随着社会的发展和教育水平的不断提高,特别是高等教育的大众化,使得19世纪中期兴起的师范教育,已不能完全涵盖今天教师培养的实际,于是,师范教育逐步为教师教育所取代。就我国来说,2001年《国务院关于基础教育改革与发展的决定》第一次在政府文件中用"教师教育"替代"师范教育",标志着中国开始由师范教育向教师教育的转轨。具体包括:用教师资格制度替代传统的师范生定向招生、分配制度,逐步提高教师教育的学历层次,师范院校也由单一型向综合化发展,特别是教师专业化成为教师教育的依据和导向,并推行教师发展的终身化和教师教育一体化。①

在教师职业的专业化地位得到国际普遍认可的基础上,教师专业发展已成为我国教育理论研究的"重镇",包括对专业化的内涵和理念的研究②、对专业化发展理论基础的分析③、推进教师专业化面临的课题④以及深入探索教师自身专业发展的能动性机制⑤等等。总的来说,教师专业素养是一个多层次、多向度的复合体系,也是一个不断流变革新的过程,而且,除了相对他人、社会的人生价值以外,还应该考虑教师主体个人的人格价值的实现,从而激发教师的内在需要和发展能动性。为此,要从教师终身发展来考虑专业化问题,由此来推进教师教育一体化改革——既整合教育机构和资源,为教师的可持续发展提供保障,也从教师专业发展不同的阶段性特征出发,进行提供更为合理的教师教育研究和实践。

以上的变革性理念激发了对现行教育实习的反思和深度研究。从教师专业化发展和教师教育一体化要求来说,教育实习既是教师职前教育的总结,也是入职教育的起步,肩负着多重使命:对于实习生来说,要将所学的专业理论知识以及所积累的专业素养,与实践相整合,在体验教育教学实践的过程中建立正确的教师观、教学观和学生观;对于基础教育领域来说,教育实习是发现和培养新手教师的过程,也是获得新的专业信息的一种渠道;对于高等师范院校而言,教育实习是对教师教育人才培养质量的检验,是高等师范院校教师教育课程建设和实施值得重视的参照指标。

---

① 袁振国《从"师范教育"向"教师教育"的转变》,《中国高等教育》2004 年第 3 期。

② 叶澜《新世纪教师专业素养初探》,《教育研究与实验》1998 年第 1 期;钟启泉《教师"专业化":理念、制度、课题》,《教育研究》2001 年第 12 期。

③ 卢乃桂、钟亚妮《教师专业发展理论基础的探讨》,《教育研究》2007 年第 3 期。

④ 钟启泉《教师"专业化":理念、制度、课题》,《教育研究》2001 年第 12 期;袁振国《从"师范教育"向"教师教育"的转变》,《中国高等教育》2004 年第 3 期。

⑤ 张娜、申继亮《教师专业发展能动性的发展机制研究》,《第十二届全国心理学学术大会论文摘要集》。

因此,目前存在的种种问题,诸如高师院校难以落实实习基地、对实习的要求过于浮泛、实习生"走过场"、中小学指导教师的指导不到位以及时间过短、形式单一等等,不能仅依靠某些单项上的调整来解决,而需要建立在深入研究基础上的教育实习整体改革。

(二)教师教育课程改革的实际需求

教师教育一体化的时代发展要求,促使教师教育课程也要进行改革,而教育实习在这当中成为教师教育课程建设、人才培养重要的参照指标。

随着基础教育课程改革和高等师范院校改革的不断推进,2011年教育部颁布了中国教育史上第一部《国家教师教育课程标准(试行)》。这对于落实教育规划纲要,深化教师教育改革,规范和引导教师教育课程教学,培养和造就高素质专业化的教师队伍具有十分深远的意义。按照教师教育课程标准的要求,教师应该树立"育人为本"的理念,在促进儿童、青少年学生发展的实践中,在研究和帮助学生健康成长的过程中实现自身的专业发展;其次,教师作为反思性实践者,应该建立实践意识,在研究自身经验和改进教育教学行为的过程中实现专业发展;再次,教师应该建立终身学习的理念,在持续学习和不断完善自身素质的过程中实现专业发展。为此,教育部于2011年启动了旨在推进教师教育课程改革的教师教育精品课程建设工程。在建设教师教育精品课程的基本要求当中,突出强调了适应基础教育改革发展、遵循教师成长规律以及加强教育教学的实践环节等原则。

教育实习既是教师教育课程的重要组成部分,也是为教师教育课程改革提供育人指标的关键环节——它既可以反馈各级各类学校对教师教育人才培养在数量、规格等各方面的需求,也可以通过师范生的实习状况,全面检验高等师范院校教师教育的水平。因此,对于建设育人为本、实践取向、职前和职后一体化发展的教师教育课程而言,高等师范院校师范生的教育实习是重要的参照。

(三)研究者的实践与反思

对担任教育实习的高校带队教师的工作经历进行反思,是笔者进行此项研究的直接原因。

我毕业于师范大学中文系,大学毕业前夕的教育实习给予我的影响大致有两个方面。

第一,教师的身教是首要的。

所谓的"身教",简单说就是以身作则,这个"则",主要是行业的规范,特别是人们心目中的行业传统、标准,或典型意象。行业中的个体,尤其是新手,需要全情投入地追求这个典型。这里面的道理,我感觉首先是取法乎上,方得乎中——因为真正当上一名中小学教师以后,每天要面对各种烦琐的工作、突发的状况,在此基础上,还要完成通过日积月累来育人成材的基本任务,而这样的生活是年复一年、周而复始的。所以,实习过程中如果不能充分投入地、高强度地体验,以后很难坚持;再者,实习阶段正是反思、应用所学专业知识的开始,还没有迫不得已的现实工作压力,也尚未被现实的教学环境塑型,所以此时作为打基础形成的教学意识、工作习惯,乃至教学模式,对后续工作影响是很大的。其次,就是在真实情境中完型化地、整体性地进行实践,从而展开对今天谓之"实践性知识"的积累。更进一步说,无论做什么事情,"投入地爱一次"都是关键——不计得失、忘我投入,则不仅能达到成功,而且会令生活产生美感,生命绽放华彩!由此获得的工作体验,又会直接影响主体的信念和工作状态。

第二,教师的言教要讲究艺术。

虽然说传统观念认为身教重于言教,但是不可否认的是,现代教育教学中老师主要还得靠言教,于是,怎么使得言教不流于说教,就成为一名语文教师首先要面对的问题。通过教育实习我体会到,这里的关键有三点:把道理讲透,"透"的标准是有教师自己的个性化理解和体验,还要对学生具有启发性。这三点认识,也是实习中的一些典型事件给予我的。

　　我带的班里有一个男生,是班里学习很好的学生,但是接触不久我就发现,其实他是个小"两面派"——在任课老师特别是班主任面前是一个优秀学生的样子,背后在同学里则是当着类似黑社会老大的角色。有一次我带早读,布置了一件工作,他接下茬儿,我就幽默地顺着他的话接了一句,但是可能我的优势心态令他不能忍受,他居然用脏话骂我。当时我的反应是不接招,先搁置下来。到正式讲课的时候,说实话还是有些担心坐在第一排的他会不会成心捣乱。我讲的是《鸿门宴》,那个时候古文的讲法就是以古汉语常识的灌输为主,但是结合所学的古文字知识,我对文章中的一些文言实词的教学做了一点儿小小的改革,取得了很好的效果,既激发了学生的学习兴趣,也更便于学生理解和记忆文言实词,还对文章有了更深的理解。记得全讲完最后再范读一遍课文之后,我从课本上抬起头,上午十点的阳光洒满教室,学生们也抬起头,居然不约而同地发出一声"啊"的感叹,面庞上都洋溢着光彩,然后大家又不约而同地笑了,这当中也包括那个男生,从他的表情我清楚地看出有所领悟的样子。但是到实习结束的时候,我还是站在一名教师的立场,单独跟我的指导老师(她既是这个班的班主任,也是语文教师)谈了谈这个学生的问题。

　　我至今觉得,语文教学的功夫对于育人足够了——阅读和写作,是主体情感思想的感悟、交流过程,如果教与学的主体都真正经历了听说读写思的互动,则教育性也自然成于其中。而这当中的关键,是教师自己基于对本体性知识的积累和运用所涵养出来的实践性知识。例如,20世纪后期曾对于师范院校要不要设学科教学法的问题展开过讨论,很多学科专家认为不必,因为学科的修养达到精深、纯熟的境界,自然就知道怎么传授于人。

　　但是等到我当了师范大学本科生教育实习的指导教师,负面的感受却越来越多,这当中包括:或者因为忙于科研,或者是出于对师范性等于落后性的不耻,师范大学在行政上不重视实习,有些具体管理人员恨不得撒手不管,学生全自己联系了学校拿回盖了章的表格了事。实习学校则多是把实习生当廉价劳动力来用,只要多给学校和老师干活儿,实习绩效上就能过关。实习生也多为任务取向,把实习浅表性地理解为讲几节课,办一次班会,而讲课则是根据指导老师的样子照猫画虎即可,即使有些学生有自己的想法,也会碍于指导教师捏着自己的成绩等等杂念而把这种专业化的思考暂抛脑后,但是什么时候能再想起来就不一定了。

我作为大学带队教师,自参加工作以来几乎年年被评为校级优秀实习带队教师,但是自我感觉,这主要是一种给学科教学论这种被边缘化的专业的照顾或者说安慰,从本心来说,有时候并当不起这个优秀,所以,真正彻底地去追求心目中的优秀,还需要投入到专业化的研究当中去。

二、问题阐述

(一)研究问题

笔者近十年来一直担任师范大学中文专业本科生教育实习的指导教师,并在 2011 年秋季对应届实习生进行了一些调研,进而发现,语文教学实习在实习生和指导教师的观念中都是整个教育实习的核心内容,实习生在指导教师的引导下,通过解决教学实习过程中一个又一个的问题,克服这样那样的困难,逐渐获得语文教学的体验,初步建构起自己的教学观、教师观。

具体来说,实习生进入实习遇到的第一个挑战,就是他们对分配试讲的课文有自己的理解和认识,这些解读往往与教学要求不完全一致,有的甚至相去甚远,所以要求他们发挥创造力来实现二者的有机整合,并获得有益的经验。

事实上,抛开大学和中小学给实习生的实习成绩,他们自己也有一个对自己实习情况的总体评价,有的认为实习很成功,有的认为实习主要是负面的，有的干脆用了"失败"这样的字眼；而这些自我评价直接影响到他们对即将从事的教师工作的态度——感到成功的实习生觉得更想当老师了，感到失败的同学虽仍然到学校谋职，但心态从喜欢当老师变成只是为了找一份稳定的工作……进一步来看，与中学指导教师的互动，又是对他们的自我评价影响最大的因素之一，觉得实习成功的同学，基本是认为从指导教师那里学到了东西，这激励着他们对从事教师工作跃跃欲试；而感到实习不成功的同学则认为是因为从指导教师那里学不到东西。所以，如何实现与指导教师积极、有效的互动，从而获得理想的实习结果，是实习生要解决的第二个难题。

既能够在课堂上尊重学生的主体地位，又能够对学生有所引导，是实习教师理想的教学效果，而他们检验自己教学的标准，主要是看学生在课堂上是否能与他们进行良性互动。

这几方面的问题都很值得研究。首先，无论是师范院校的语文教学法课，还是基础教育语文的教师备课传统，长期以来追求的主要都是教师在形式上"入格"，关注教师是否能够根据给定的格式编写教案，按照既定的套路进行教学。这样实践的一个突出问题，就是教师在课堂教学中无法做到以学生为主体，无法和学生有真正的交流，形式上表现为要么"满堂灌"，要么"满堂问"，实质上是搞"请君入瓮"式的教学，不是真正从学生实际出发，促进学生语文素养的发展。如果中文师范专业实习生在正式走上讲台之前，就能够对处理课堂教学中的师生关系有比较科学的认识，或者积累了一些有效的实践经验，那么，他们就能够站在一个比较高的起点上，其专业发展的效率将会大幅度提高。

其次，以学生的课堂反应为指标，也是需要进一步探究的——如果教师仅仅追求学生能在课堂上对他们的要求、指令有条件反射式的回应，让课堂呈现为经过充分准备的表演，这将导致语文教学走向"衰竭"；如果"顺畅"指的是师生都能够调动经验充分理解教材内容，积极展开对话，实现"教学相长"，那么，理想的语文课堂庶几可见。而实习教师在初步体验教学的过程中,正面临着何去何从的选择。从实习后的反应来看,成功的语文教学体验,不仅使得实习教师获得了初步的教学经验,而且获得了对成为一名合格语文教师的认同感和自信心,反之,则会影响到他们作为青年教师的起步水平和状态。

那么,在上述的教学实习过程中,实习生都需要突破哪些"难关"? 经过这样一番历练,他们对于语文教学以及成为一名合格的语文教师作何体验? 在课文解读过程中如何解决大学专业知识与教学需要的整合问题? 怎样与指导教师合作以获得教学经验? 在课堂上怎样与学生展开交流? 对于这些情况的了解,应该成为教育实习研究和改进的前提。

现有的研究多为课程与教学论专业人员及相关管理人员从专业研究和管理的视角出发对实习生进行的指导,由于外在于实习生的具体体验,所以往往很难对现实问题的解决发挥积极作用,因此,从实习主体自身的立场对这些现象进行考察,不仅能够为教育实习研究提供新的视角,而且有助于深化现实问题的探讨。为此,笔者对中文师范生在教育实习中的实习教学情况进行了初步的探究。

本研究形成的基本问题是:教育实习中的语文教学实践对于中文师范生的意义是什么?

在实际研究中,这个问题是分为三个子问题展开的:第一个是试讲课文的文本解读对于实习生的语文教学有何意义? 第二个是试讲课文的教学思路是怎样形成的? 第三个是中学生的课堂反应对于实习教师的意义是什么?第四个是实习语文教学的过程对实习生教师身份建构意味着什么?

(二)概念框架

1. 教育实习

本研究所说的"教育实习",与顾明远主编的《教育大辞典》的定义是相匹配的,即:"师范院校高年级学生的教育、教学实践活动。包括参观、见习、试教,代理或协助班主任工作及参加教育行政工作等。师范院校教学环节之一。理论联系实际的重要环节。目的是让学生把学到的文化科学、专业知识和技能运用于实际,培养教育、教学能力;全面锻炼、培养独立工作能力;接触、了解、熟悉和热爱儿童、青少年,巩固现身教育事业的思想。一般为期6—8周。"①

2. 实习生

一般是指到初等或中等学校进行教育和教学实习的各级师范学校高年级学生,实习学校所给之称谓。② 本研究中特指在初级中学进行为期六周的语文教学实习的高等师范院校中文专业师范生。

3. 实习指导教师

本研究中的"实习指导教师",指的是由中小学指派的,担负实习生的语文教学指导工作的语文教师。

4. 教师身份认同

"身份"是个体所有的关于他这种人是其所是的意识,它是一个不断建构的过程,是通过在社会环境中遭遇各种经验,并对经验进行选择,把选择的经验内化为自身的东西实现的;在这个过程中,主体要不断与他人比较,从而形成对自我特性的意识。

在英文中,身份和认同是由一个单词"identity"来表示的,它不仅具有"同一""相同"的含义,还包含"属性"(belongingness)和"确认"(identification)的意思。身份认同简单地说就是对"我是谁""我去向何处"等问题的回答,它是自我与社会不断交互作用的过程,一方面是主体通过不断内化社会要求由个体化自我向社会化自我迈进;另一方面,是主体通过反思对社会的形塑进行选择。

教师身份认同是教师自我对社会的教师概念、教师要求的体验、选择、内

① 顾明远主编《教育大辞典》(增订合编本)第773页,上海教育出版社1997年版。
② 顾明远主编《教育大辞典》(增订合编本)第1414页,上海教育出版社1997年版。

化过程,它涉及教师如何看待自己的工作(主要是教学)、如何表述自己以及他们认为什么是最重要的,等等。从这个意义上说,师范生在实习过程中既努力让自己符合教师身份,获得社会的认同;也对教师的身份感进行体验、反思,来决定自己是否认同教师身份。

5. 反应

从教育学的视角来说,反应指的是刺激作用的行为后果,以运动或腺体分泌的形式表现。又指机体的任何活动,包括中枢的活动,如想象、幻想等——可以不论其刺激是否已知,或者可以鉴别的运动是否出现;机体活动的产物,如每分钟打字的字数。[①] 在此基础上,一般意义的"反应"指的是反响,是事情所引起的意见、态度或行动。[②] 本研究中专指在语文阅读教学中,学生表现在言行上的,对教师的命令、提问、启发等施教行为做出反馈、呼应的情况。

6. 文本解读(text analysis;text interpretation)

"文本"(text,也可译为本文)一词源于拉丁文的 texere,本意是波动、联结、交织、编织。在现代文艺理论范畴当中,"文本"是指具有内在联系的一套符号代码,它的出现是为了与作品相区别。"因为'作品'这个概念总是揭示着作者的存在,而'文本'概念则提示我们:由语言文字组成的文学实体是一个自足的体系。"[③]按照接受美学的观点,作家创作的是文本,只有当文本得到读者的阅读、理解、阐释,使其不确定性被消除,才变成作品。

"解读"也可称为"读解",简单说是对文学作品等文本的阅读、理解和阐释。萨特曾对解读的意义做过这样的评价:"文学对象是一个只存在于运动中特殊尖峰,要使它显现出来,就需要一个叫做解读的具体行为,而这个行

---

① 顾明远主编《教育大词典》(增订合编本)第 341 页,上海教育出版社 1997 年版。
② 《辞海》第 750 页,上海辞书出版社 1999 年版。
③ 南帆等《文学理论》第 41 页,北京大学出版社 2008 年版。

为能持续多久,它也只能持续多久,超过这些,存在只是白纸上的黑色符号而已。"①由此可见,解读是读者与文本、读者与作者的对话过程。从读者与文本的对话来说,文本具有一套"召唤结构",它通过种种的"空白"或"未定点"来形成自身的多义性和不确定性,吸引读者加以补充和建构;而读者在这一过程中要调动自身的社会经验、文化知识、审美修养加以体验、理解、联想、感悟,所以解读是富于个性的。从读者与作者的对话来说,解读是读者对作者体验的体验。一方面,读者要通过对文本的解读,达到对作者生命过程和精神世界的深度感悟,所以,如解读学专家所概括的:"高层次的文本解读,绝非仅仅是探寻和领悟作品的思想主题,表层性地解释文本的结构,或是解析文本的技巧,而是要切入文本的深层感情领域和内层境界里,与作者的灵魂在生生不息的生命律动中对话,在能动参与的'忘我'与'同化'之境中达到心灵的默契。"另一方面,在体验着作者精神生命的过程中,读者也进行着自我的理解和超越,因为真正的解读体验是"文本解读中读者对文本世界超越于一般经验、认识之上的那种独特的深层领悟和活生生的感应境界,那种沉醉痴迷、心神震撼的同构状态",进入这样状态中,"便会蓦然发现作家正在向我们走来,和我们直面对话,倾心相谈,与他一起走在生命高度亢奋的意识刀锋上,从而目睹生命的本相,听见真理的告诫,感到有一种心智为之洞开,灵魂得以抚慰的惬意,这便是触摸到了文本解读的本质境界"。②

7. 教学设计

教学设计的源头,最早可以追溯到以柏拉图为代表的古希腊哲人的教育思想,到 20 世纪,杜威的实用主义教育哲学阐扬了一种全新的教育理念,即学习与实践的密切联系。二战之后,系统科学的发展促成了教学设计作为一门独立学科的形成,与此同时,行为主义心理学对学习模式的提炼(S－O－

1　萨特《为何写作》,《现代西方文论选》第 193 页,上海译文出版社 1983 年版。
2　曹明海《当代文本解读观的变革》,《文学评论》2003 年第 6 期。

R），成为教学设计研究的理论基础。当代美国教育心理学家加涅（Robert Gagne）在 1965 年出版的《学习的条件和教学论》一书提出了"教学是对学生在教师设置的刺激环境中适当反应的强化"的思路，并基于这一思路提出了"Instructional Design(ID)"的概念。20 世纪 60 年代是教学设计发展的重要时期，系统科学、教育技术、行为主义心理学以及传播学等理论范畴的综合影响下，教学设计研究得到充分发展，到 1975 年，出现了教学系统开发与设计模式（ISD：Instructional Systems Development），其后又形成了 ADDIE 模型，即将教学设计概括为包括分析（Analysis）、设计（Design）、开发（Development）、执行（Implementation）、评估（Evaluation）五个基本步骤的系统化的实践流程。此后，教育研究者基于设计科学、系统科学、学习理论等不同理念，围绕教学设计展开了大量的研究和实验，从而形成了多种取向的教学设计观，包括理性主义的、建构主义的，等等。近来，由美国俄克拉荷马大学的教育学教授 P. L. 史密斯（Patricia L. Smith）和 T. J. 雷根（Tillman J. Ragan）合著的《教学设计》，在继承加涅的教学设计思想的基础上，进一步提出：教学是"有目的地促进学习以达成既定学习目标的活动"，设计是"人们参与的、旨在提升后继创新行为质量的活动或过程"，教学设计是"把学习与教学原理转化成对于教学材料、活动、信息资源和评价的规划这一系统的、反思性的过程"，[①]并按照分析、策略、评估的逻辑，比较全面地对各种学习类型进行了研究。

美国当代著名教学设计专家查尔斯·M. 赖格卢斯（Charles M. Reige-luth）主编了"教学设计的理论与模型"的系列丛书，对当代教学设计各流派的成果进行了较为全面的总结。

按照加涅的观点，教学设计可以分为长期的和即时的两类，即时的指的是教师先于教学进行之前数小时进行的备课活动。本研究中所指的是即时的教学设计。

---

① P. L. 史密斯、T. J. 雷根《教学设计》第 5、8、4 页，华东师范大学出版社 2008 年版。

　　虽然本研究所涉及的情况基本符合以上对教学设计的定义,但当前中小学语文学科中所实践着的设计范式,主要是20世纪中期学习苏联的结果。

　　新中国成立初期,形成了全面学习苏联的基本方针。在这样的政治背景下,教育领域从高等教育到基础教育,从教育教学实践到教育理念的灌输,均"全心全意向苏联学习"。这当中,"红领巾"教学法的形成和推广是当时的典型事件。

　　1953年5月,北京师范大学的一组实习生在当时的北京女六中实习,观摩了所在中学语文教师讲授《红领巾》。正在师大指导工作的前苏联专家普希金也前去听课,并提出了改进意见。此后,他指导实习生重新制订了教学方案,试教获得了成功。当时担任带队教师的北师大中文系叶苍岑教授对此进行了总结,在《人民教育》发表《从红领巾的教学谈到语文教学改革的问题》一文,引起全国的强烈反响,在学习和推广过程中,逐渐形成了"红领巾"教学法。

　　"红领巾"教学法源自赫尔巴特的"五段教学法",实质上是苏联的文学课教学法(苏联的母语教学是分为"俄语"和"文学"两科的)。它把课堂教学大致分为起始——分析总结三个阶段,采取从整体深入到部分,再归纳为总体的逻辑,以教师引导为主,同时也注重调动学生的学习积极性,即教师运用启发式和谈话法,提出有启发性的问题,引导学生分析文学作品的内容和要素,从而理解作品,掌握并运用其中的方法性知识。

　　"红领巾"教学法很快成为全国中小学阅读教学的人人用、课课用的公共模式,并逐渐融入阅读教学的血液中;至今,它仍然是中小学阅读教学的基本模式。虽然世纪之交的课程改革中,为语文教学重新规定了"三维"目标,但实际操作只是将这一变化放到了原有逻辑框架的具体内容当中,并未从根本上改变千课一律的做法。

　　本研究所涉及的实习教师,无论从专业发展的阶段特点来说,还是从完成实习任务的实际需要来说,他们都是以适应实习学校的各项要求为主,因此,本研究中的教学设计,指的是实习教师在既有范式为主导的教学环境下,根据实习学校指导教师的要求,设计试讲课文教案的过程。

三、研究方法

(一)尝试"质的研究"

本研究是以质的研究方法为方法论指导的,其内涵来说,是按照国内质的研究的代表性专家陈向明教授的定义来阐释的,即"以研究者本人作为研究工具,在自然情境下采用多种资料收集方法对社会现象进行整体性探究,使用归纳法分析资料和形成理论,通过与研究对象互动对其行为和意义建构获得解释性理解"。[①] 她将质的研究方法的基本特征概括为以下几项:质的研究必须在自然情境下进行,对被研究者的"生活世界"以及社会组织的日常运作进行考察,并注重社会现象的整体性和关联性;质的研究的主要目的是对被研究者的个人经验和意义建构做"解释性理解",从他们的角度理解他们的行为及其意义解释;质的研究是一个演化的过程,是对变化着的现实进行持续探究;质的研究需要自下而上分析资料;重视研究关系。

目前,国内教育科学研究的主要范式,有以对文献的逻辑分析为特征的定性研究、以统计分析为主的量的研究以及质的研究,以上的特点不仅显示了质的研究方法与其他方法的本质区别,而且表明应用于语文教师研究的适切性。

首先,质的研究方法重视当事人视角的特点,对于解决长期存在的难以深入到语文教师的精神世界发掘其个性特征的问题,能够提供最有力

---

① 陈向明《质的研究方法与社会科学研究》第 12 页,教育科学出版社 2000 年版。

的支撑。

我们说,在实际的教学活动中,教师时时要面对具体的教学情境,即使专业知识和教育学理论掌握得再丰富,教学的效能仍然是有赖于教师个体的创造性实践。这是所有教师工作的共性特点。语文教学活动又有更为特殊的情况,那就是,由于汉语表意性强、汉语文学习传统上重视涵泳感悟等原因,语文教学的经验和艺术,更多的是取决于教师个体的中文修养和教学智慧,直接的结果就是,用定性的文献分析的方法难以使这些经验、艺术、智慧浮出水面、形诸文字,量的方法与这些成就的基本特点更是大异其趣,所以造成虽然优秀教师很多,但是优秀经验难以推广,教学研究不断地在低端水平上重复。而质的方法要尽量立足于被研究者的立场,进行实地的田野工作,在大量获取被研究者的教学实录、体会、反思等一手资料的基础上,进行理解性的诠释,就使得我们有可能走进每一个教师的内心世界,真正了解他们的独特之处。

就本研究来说也是如此。我们有可能比较充分、扎实地获得实习生的内在需求、实习体验,从实习主体内部观照教育实习过程。

其次,质的研究方法关注整体,基本立足于诠释的取向,这有助于深化对语文教师的研究。由于语文教学的主要活动都是围绕文选、文本展开的,所以相对其他学科具有更大的灵活性、随意性,教学的效能常常决定于当时当地的教学情况和教师的教学机智,所以运用归纳、演绎或是统计的办法研究,往往难窥其真。就本研究来说,目前对中文师范生教育实习的要求是外在行为上的,只要按时听课、好好讲课、干好班主任的辅助工作即可,而这当中听课的效果如何,讲课好的标准是什么,对班主任辅助得够不够,都没有进一步的衡量标准,所以,在关注各种关系的基础上,从实习生本身的视角进行阐释,才能看到特点、发现缺点、找到生长点。

再次,质的研究方法以研究者自身为工具,重视研究关系和演化过程,这与汉语文学科的文化特征相适应。汉语文学科的民族性以及语文教育研究所处的尚不成熟的专业水平,都造成了语文教育教学实践和研究缺乏逻辑化的知识体系和系统的专业方法论,因此,研究的有效性很大程度上要取决于研究者自身的专业经验和素养以及与被研究者的互动情况。从本研究来说,师范大学与实习基地校之间、实习生与指导教师之间、实习生与中学生之间的关系,都是教育实习研究难以控制的"变量",而正是它们构成了教育实习的专业场景和文化语境,因此,研究者对于这个场域及其成员的不同理解以及不同的互动效果,不仅直接影响研究的质量,甚至影响研究的成败。从这个意义上说,质的研究方法与这类研究是相契合的。

(二)资料收集方法

如上所述,从学科特点、研究问题和范式出发,本研究主要采取了文献分析法和质的研究方法中的访谈、观察的方法。

1. 文献法

本研究运用文献法首先是为了掌握相关的研究成果,了解当前的研究状况,从而确定研究问题和研究思路。为此,笔者围绕"教育实习""文本解读""身份认同""师生关系"等范畴进行了文献的检索和整理;在此基础上,还阅读了教育哲学、社会学等学科的一些相关著作和文献,以提高自身的认识,拓展视野。此外,在阐述过程中对有关的研究成果进行了引用。

2. 访谈法

质的研究中的访谈,是"一种研究性交谈,是研究者通过口头谈话的方式从被研究者那里收集(或者说'建构')第一手资料的一种研究方法。"[1]一般来说,质的研究的访谈都是要进行多次的深度访谈,其目的主要是为了深入、全面地了解研究对象的经历,"理解他们对其经历生成的意义"。[2]按照这个意义,本研究对六位实习生均进行了多次访谈。首先,在实习生完成教案时,对本组五名实习生进行了个别访谈,主要是了解他们的备课情况和教学设计

---

① 陈向明《质的研究方法和社会科学研究》第165页,教育科学出版社2000年版。

② 埃文·塞德曼《质性研究中的访谈:教育与社会科学研究者指南》第9页,重庆大学出版社2009年版。

的思路；在他们试讲后，进行了一次焦点群体访谈，以了解他们的授课体验为主；实习结束时，进行了一次个别访谈，主要是为了进一步了解他们生活史方面的情况。此后，又对其中三人进行了补充性访谈。对另外一个实习组的一名研究对象，是在试讲后和实习结束时分别进行了访谈。

3. 观察法

这一方法主要应用于对研究对象的课堂教学，对五名实习生的试讲均进行了现场观察。

（三）研究过程概述

1. 抽样

本次研究的抽样对象，主要是我所在的高师院校中文师范专业参加教育实习的大学四年级学生，目前他们主要有两种实习形式，一种是参加院系组建的实习小组，由院系委派的教师带队，前往指定中（小）学实习；一种是自己联系实习学校，自行前往完成实习。从以往的经验来看，我选择了参加实习小组实习的学生作为对象。考虑到同组学生是在同一学校、同一年级实习，接受的指导大体类似，面临的教学情境、教学要求也基本相似，既便于考察实习生本身的教学特点，同时，也便于我了解情况、充分交流，所以我首先选择了由我担任带队教师的一组五位实习生。

但是由于缺乏经验，在此忽略了这种方便抽样的办法存在的负面效果。

2. 进入现场

本研究所选择的实习学校，是北京市一所区级普通中学示范校。所谓示范校，是1996年教育部要求取消重点中学后，各地教育主管部门对各地的优质中学授予的新称号。取消重点中学的初衷，是为了遏制中小学应试教育的不良风气，但是，历史传统的积淀、多年形成的升学文化以及当前社会选拔竞争的日趋激烈，使得这一动机并未得到很好的落实。虽然学校的办学方针写的是推进素质教育，但是在对外宣传的渠道中，连续五年的中考成绩在全区名列前茅、区重点校的上线率等数据信息在显著位置。

我们实习的初中部在我们进校的第一天,由学校的教学副校长、德育副校长以及负责本校区的副校长,带领安排好的相关指导教师,给我们开了欢迎会,会上介绍了学校的情况和各位指导教师,特别强调了大学生在校一般比较随便、散漫,所以到中学以后应该特别注意,约束自己、遵守各项规章制度,听从指导;其中德育副校长具体点明了对实习生外表的要求,比如不要留披肩发上讲台,头发长的可以扎起来,不穿暴露服装,不要涂指甲油,等等。

指导实习生语文教学的一共有三位老师,一位是硕士研究生学历,两位是本科学历,其中一位最年轻的本科学历老师,是她们的语文教研组组长。从实习生的反映来看,担任组长的老师授课很有激情,即使课下有什么烦心事也不会带到课堂上;教学很有章法,让听课的实习生感悟到不少东西;而且得到实习生赞许的是,她不像其他老师那样使劲儿让实习生帮着判作业,她是从实习生的需要出发,认为可以让他们从中得到锻炼的作业才让实习生负责,而且有些作业是教师需要从中了解学生的学习情况的,她就自己看。

进入实习的第一步,是观摩指导教师的教学。从实习生的反馈来看,他们普遍觉得指导教师的课应试的味道太重了。比如,他们观摩了《背影》的教学之后,普遍很受冲击,因为"从来没听过这样讲《背影》的,基本就是练考点儿"。

而实习生的实习期正好赶上中学要期中考试了,老师们的课以讲评练习卷子居多,实习生们觉得这些讲评课没有什么可学的,所以听课就不是很积极了。但是指导教师对此是不满意的,因为在指导教师看来,实习要想有收获,主要得多听课,听了就有用。而实习生们不好好听课在指导教师看来是态度问题,所以最后表达了大学要严格、细化管理制度的希望。

由于研究者本人即担任大学的带队教师,因此进入现场基本不存在障碍或困难。但是,与中学指导教师能否顺利地沟通、合作是一个问题。这既取决于带队教师的主动性和经验,也取决于所在中学的水平、地位以及中学教师的心态。就本研究来说,由于这是一所普通中学,指导教师普遍教学压力较大,带队教师又是一名语文教学论专业的专业人员,所以中学指导教师对大学带队教师带有一定的负面情绪。从笔者对指导教师做的访谈来看，这种负面情绪主要表现为强调教学能力比中文专业知识更重要。

六位研究对象当中，有一位不是在这个实习组，通过访谈了解到，她的语文教学导师虽然话不多，但是十分干练，不但干活儿利落，而且教学思路清晰，不但能吸引听课学生跟着她，把教学内容都听明白，而且感到舒畅，不那么累，这种风格让实习生很喜欢，觉得自己将来也想成为这样的老师。

3. 数据收集

在进入实习学校之前，我给本组同学出了一份问卷，主要问题有：

(1)实习的初衷是什么？

(2)接受实习动员后有何新的想法？

(3)希望成为什么样的老师？

(4)对实习生活有什么设计和安排？

在实习生入校时，我回收了问卷(见附录)。听课将近一周的时候，所在学校的指导教师布置了要求实习生试讲的篇目，实习生着手准备。正式上讲台前，他们将教案提交给我，我就教学设计对他们做了访谈。到实习生试讲，我做了现场观察，并录音。待几个实习生基本讲完第一课时后，组织他们做了一次群体焦点访谈。实习结束时，对他们做了一次访谈。到进行了资料分析之后，对这一组实习生还进行了一次补充访谈。此后，考虑到我同时又是大学的带队教师，在研究者与被研究者关系的问题上，可能存在对这五位实习生的干预，所以又补充访谈了在另一所中学实习的一位实习生，并收集了她的教案。

(四)资料分析方法

对所收集数据的分析，主要运用的是扎根理论。[①]

[①] 参考陈向明《质的研究方法与社会科学研究》第二十章，教育科学出版社2000年版。

扎根理论作为一种主要应用于质的研究的方法，顾名思义，其基本宗旨是立足于经验资料，在不做主观假设的前提下对资料进行尽量客观、真实的分析，从中寻找能够标志研究对象特质的核心概念，通过逐层提炼、分析，进而上升为理论。这是一种自下而上的方法，研究者在研究开始之前要尽量控制自己的经验、看法或理论假设，保持虚怀若谷的心态，直接面对研究现象，通过观察、访谈、实物收集等方式获得一手资料，再通过对所收集的原始资料进行分析、归纳，进行经验概括，最后建构理论。

扎根理论的主要分析思路是比较，在资料之间、理论之间不断进行对比，根据资料与理论之间的相关关系提炼有关的类属及其属性。研究者要把比较贯穿于研究的整个过程之中，包括研究的所有阶段和部分。

扎根理论具体的操作步骤主要有四个，第一步是对原始资料进行编码，同时在资料和资料之间、理论和理论之间不断进行对比，将资料归到尽可能多的概念类属之下，然后根据资料与理论之间的相关关系提炼概念类属的属性。第二步是将有关概念类属与它们的属性进行整合，对这些概念类属进行比较，考虑它们之间存在的关系，将这些关系用某种方式联系起来。第三步是将初步勾勒出的理论返回到原始资料当中进行验证，来不断地优化现有理论，使之精细化。第四步是将所掌握的资料、概念类属、类属的特性以及概念类属之间的关系一层层地描述出来，作为对研究问题的回答。

在本研究中运用扎根理论，首先是基于这一方法的特质与研究需要相适应。作为质的研究的尝试，本研究的基本原则是立足于被研究者立场，对作为研究对象的实习生的实习体验进行深描，扎根理论自下而上的研究思想为这一原则的落实提供了有效途径。

其次是这种方法具有较大的资料整合效能。通过访谈、观察、实物收集等方式获得的大量原始资料，从研究的视角来看都是比较松散的，扎根理论通过逐层编码加以提炼、概括的基本策略，在有效整合信息的同时保证了资料本身的信息不遗失。

再次,扎根理论既可以为范围较狭窄的个案提供相对宽阔的研究视野,也可以为研究指示方向。一方面,扎根理论要求研究者在分析资料之前不做理论假设,而是做到从尽可能多的角度和方面对原始资料进行分析、概括、提炼,这就为研究提供了宽阔的视野;另一方面,随着编码的逐渐集中,研究对象的轮廓以及研究趋向也会变得清晰,从而告诉研究者应该向何处去。

四、研究监测

(一)研究效度问题

在最基本的层面上,效度可以分为内部效度和外部效度,内部效度是指"为使结果能解释所需要的基本的、最小的控制、测量、分析和方法",[1]也就是说,它考察研究结果是否真实反映了研究对象的情况。在本研究中,主要运用了三角检验法和比较法。就前者来说,主要是利用相关文献、被研究者在不同时段的访谈进行的;比较法则是用于不同研究对象之间以及本研究结果与专业内已有的研究成果之间。

(二)研究关系问题

本研究在研究关系方面存在明显不足。具体来说,主要是所选的六名研究对象当中,有五名均为研究者本人担任大学带队教师的实习生,所以会对研究造成影响。反思来看,这种影响主要表现在实习生做完教案后进行的访谈中。由于研究者本人即为语文课程与教学论专业教师,所以针对实习生的教学设计提出了一些问题和建议以供参考。从实习生的反馈来看,有的对这

---

① [美]威廉·维尔斯曼《教育研究方法导论》第568页,教育科学出版社1997年版。

些问题未予考虑;有的进行了反思;有的则再拿着这些问题咨询中学指导教师,指导教师让实习生以忽略的方式处理。

（三）研究伦理问题

首先,研究者对初步选定的研究对象候选人告知了本研究的内容、目的以及他们需要提供的研究资料的大致情况,在此基础上征求实习生的意愿,看是否愿意参与研究。在获得了他们同意之后,将他们确定为研究对象。

在研究过程中,访谈录音均征得了被研究者同意,课堂观察及录音也是在被研究者许可的情况下进行的。

在整理、撰写研究分析时,对被研究者的姓名、身份以及实习学校的名称等相关信息,均采取隐匿方式处理,或以假名代替,或以符号代表。

五、研究意义

（一）立足学科教学层面反映实习情况

目前师范大学各专业的教育实习,方式上无论是分别实习,还是在实习基地集体进行实习;时间上无论是半年期的,还是4—6周的,实习生的学科教学工作,都是教育实习的主体内容。但是,从现有的对语文教学实习的研究来看,选题多为对实习生教学技能的指导,内容基本是经验之谈,缺乏必要的论证和实证研究基础。至于从实习生的立场出发,考察他们在体验和认识上的变化发展,则尚付诸阙如。

因此,本研究对中文师范实习生经历教学实习的过程、难点以及处理方式、处理效果的考察,可以初步地提供一些学科教学实习的基本情况。

（二）为调整中文师范专业教育实习的各项策略提供参考

深入到教学实习层面进行考察就会发现,教育实习的改进和调整不仅仅是时间过短、基地不稳、模式单一的问题。目前的教育实习，基本上是以外部的实习活动为任务和指标，主要也就是听课、讲课、班主任实习，实习生只要按部就班地在这些活动中呆够时间即可，但是具体质量无法保证。这当中的主要问题，就是缺乏建立在学科教学实习特点上的具体安排，所以具体了解教学实习的实际状况，对于教育实习规范的深化是一个重要的前提性工作。

（三）对于师范大学专业课程建设给予启发

进一步来说，教育实习是教师专业发展的一个关键点，它既是从教的起步，也是对职前教师教育的考验，因此，考察实习教学的情况，也能够为职前教师教育课程的建设提供参考。例如，解读课文是语文教师备课的重要内容，这需要实习生调动自己在大学所学的中文专业知识，对于他们的专业学习水平是一个考验，这既对师范大学中文专业的课程开发和建设提出了要求，也是启发。而实习生的教学实习状态，也从一个侧面反映了学科教学论的课程建设和专业研究存在的改进空间。

（四）研究者的专业素养得到提升

语文课程与教学论专业作为一个具有较强实践色彩的理论学科，在最近十多年的课程改革和高等师范院校改革中遭遇了尴尬。一方面，作为高等师范院校的大学教师，虽然专业任务主要是面向中小学语文教学，但是自身的一线实践经验不足；另一方面，无论是所在专业语境的要求，还是自身所受过的专业训练，都将专业发展指向"理论研究"，于是，一方面是将所积累的直接或间接的专业经验"冷藏"在心的一角，另一方面绞尽脑汁地去写所谓的理论文章，造成整个的专业生活状态，就是在教学实践铺就的实地和理论研究建构的苍穹之间飘移。

以本研究为核心的质的研究方法的学习，使我看到了走出尴尬状态的曙光——收集资料、解释资料的过程，给了我可以把积累的专业经验和感受系统化的空间，而所谓的"理论"也不再是外在于我的一堆套话。

第一章　文献述评

本研究是考察实习生在教育实习当中实习语文教学的情况,因此,从教育实习、教学文本解读、师生关系以及教师身份认同四个方面对已有文献进行了梳理。

一、教育实习研究

所收集文献的研究问题主要包括:调整实习时间的探讨、改进实习管理的探讨、对实习指导教师的研究、对理论与实践关系的研究以及教师职前实践性知识形成的研究。

(一)实习时间的探讨

我国高等师范院校传统的教育实习安排,主要是面向专科和本科学历的师范生。就本科生来说,大学四年中有一次教育见习,一般不超过 4 周;有一次教育实习,一般为 6 周。教育实习多安排在三年级下学期或四年级上学期。但是,这种安排有其不足之处,即时间过短,实习生对各种任务均是浅尝辄止,无法取得实效。

通过对其他教育发达国家教育实习情况的考察发现,这些国家的教育实习时间安排得普遍比较长,而且会采取多种模式,将教育实习贯穿于大学学习的全程。具体来说,美国的教育实习模式多样,总的来看,时间多在 15 周到半年①。法国的教育实习根据不同类型教师的培养采取了不同的模式,初等教育师资的实习时间一般为 20 周②;中等以上教育师资的教育实习一般由感受实习、指导实习、责任实习三个类型组成,逐步培养学生独立自主的教学实践能力,时间上最多为 27 周,几乎占全部教学计划的三分之一。德国的教育实习分为见习和实习两个阶段,共计 72 周,约 18 个月③。日本将教育实习贯穿于大学的全程,大致是 7—14 周的时间④。国内研究者通过对目前实习效果以及欧美国家经验的反思,认为我们的实习时间过短,并过于集中,实习生忙于完成规定任务,来不及适应教师工作、形成实践性知识;而且高师院校一般把实习安排在大学四年级,学生同时还要做毕业论文,更容易流于浮躁或顾此失彼。

问题的另一方面是,从实习生实习收获的质量来衡量,时间不是首要的,所以像台湾学者王秋绒提出:实习时间的意义"只是让师范生或教师较有可能朝向与教育经验对话的一个必要条件""充分的条件存乎实务经验的呈现形式(form of practical experience)或从这种形式中彰显出来的经验的'质'(the quality of experience)""教育实习能否发挥教育功效并不在于其经验时间的长短,而是要问是什么样的经验,要用什么样的方式运用这些经验才可能使经验产生拓展教育智慧与引导合理的实施方法的价值"。⑤

---

① 郑东辉、施莉《国外教育实习发展概况及启示》,《高等师范教育研究》2003年第 5 期。
② 高洪源、赵欣如《关于强化与创新高师教育实习的构想》,《高等师范教育研究》2000 年第 3 期。
③ 郑东辉、施莉《国外教育实习发展概况及启示》,《高等师范教育研究》2003年第 5 期。
④ [日]三石初雄、[中]闫飞龙《日本教师培养制度改革动向》,《高教发展与评估》2007 年第 3 期。
⑤ 王秋绒《教育专业社会化理论在教育实习设计上的蕴义》第 64 页,台北师大书苑有限公司 1991 年版。

（二）实习模式研究

为改变高师院校单一的教育实习模式,研究者考察了教育发达国家的多种实习模式。目前,美国的典型教育实习模式为"教师专业发展学校"(Professional Development School,简称 PDS)模式,是由大学的教育学院与所在学区一所或多所中小学合作建立的,是融教师职前培养、在职研修和学校改革为一体的新型师资培育形式。它既为师范生的专业准备创造了优质条件,也为有经验教师的持续发展创造了新模式,还是支持教学研究的机构。①

德国规定教育实习后须参加国家级考试,通过才能获得从教资格,并为教育实习考试立法。日本采取分散和集中实习相结合的策略,自大学一年级至四年级均安排实习,使教育实习形成分阶段、系统化的过程。法国采取的感受实习、知道实习、责任实习构成了职业自主化训练的教育实习模式。②

（三）对实习指导教师的研究

实习指导教师主要有两类:一类是高师院校委派的实习带队教师;一类是实习学校具体负责指导实习生学科教学和班主任工作的中小学教师。中学指导教师倾向于师傅带徒弟的模式,但如何较好地发挥师傅的作用,是需要再深入探讨的;大学带队教师倾向于理论联系实际的模式,但由于对怎样在实习中联系专业理论研究不够,加之与中学指导教师的之间的关系确定得不是很清晰,所以发挥作用不够;实习生则是根据自身立场而穿梭于三种模式之间。所以,无论是大学带队教师还是中学指导教师都需要进行针对教育实习指导的专业化培训,从而形成合作督导的关系,才能对实习生的专业发展发挥积极作用。③ 具体来说,中学指导教师作为教育范式的鲜活代表,其生

---

① 赵昌木《美国教师专业发展学校:理念、实施与问题》,《外国教育研究》2003 年第 10 期;胡惠闵、汪明帅《美国教师专业发展学校与教育实习改革的经验与启示》,《全球教育展望》2011 年第 7 期。

② 郑东辉、施莉《国外教育实习发展概况及启示》,《高等师范教育研究》2003 年第 5 期。

③ 王芳、卢乃桂《教育实习中的"三角关系"探析》,《教育科学》2010 年第 2 期。

动的教学实例和教育故事能够为实习教师提供帮助;而双方只有实现平等交流和真正对话,才能使实习教师加深对教育教学的理解和教学实践能力的提高。指导教师只有将真实生活和课堂的本真自我表现与指导工作的完全融合,才能达到实习教师范式学习和心灵感染的目的。①

具体到语文学科实习指导教师的研究,目前尚处于根据实习生的实践需要,明确自身的功能和任务的状态。②

(四)对专业理论学习与实践关系的探讨

在欧美一些国家,20 世纪七八十年代主要是解决如何让学生更适合就业的问题,随着研究的不断深入以及人才特点、职场等因素的变化,相关研究逐渐拓展,特别是影响到高等院校教学法以及相关专业课程、教学的改革,于是涌现了很多实践模式和研究成果。与此同时,研究者也对实习经历的影响作用进行了深入的调研,这主要是在两个向度上展开,一个是实习经验对于职业选择的影响,③一个是实习的实践经验对于学生在校的专业化学习的影响。④

基于此,教育理论实际上可以分为学术理论和实践理论两类,其中"实践理论"是体现在行动中的、实践层次的"理论",它既是教师理解教育教学的前提,也是教师行动的依据。从这个意义上说,实习就不是理论联系实际,而是实践联系理论,即实践走在前面,用教师自己的实践以及从中提炼的实践

---

① 熊金菊《教育实习指导教师身份认同研究》,《天津师范大学学报》2007 年第 4 期。

② 李丽《中学语文教学实习中指导教师作用刍议》,《涪陵师专学报》2001 年第 2 期。

③ Jerry Neapolitan, *The Internship Experience and Clarification of Career Choice. Teaching Sociology*, Vol. 20, No. 3 (Jul., 1992), pp. 222 – 231

④ Robert W. Koehler, *The Effect of Internship Programs on Subsequent College Performance. The Accounting Review*, Vol. 49, No. 2 (Apr., 1974), pp. 382 – 384

理论与已有的学术理论对话。①

（五）职前实践性知识的研究

有研究者提出,目前教育实习效果不如人意的主要原因,是缺乏对实践性知识价值的全面认识,缺乏对实践性知识获得途径的准确把握。没有处理好教育实习与专业课程学习之间的关系,未能将教育实习与中学教育发展做通盘考虑,未能建构体系完整的教育实践类课程。因此,应该从师范生职前实践性知识形成的视角切入展开教育实习的研究以及教育实习的课程建设。② 由此观照师范生的教育实习,首先就要求以实习教师的内在需求为前提来推进实习教师的专业发展,因为有研究表明:"如果实习教师的学习教学的过程,被其内在需要所引导,并植根于其自身的经验或经历,且实习教师能够具体地反思这些经验,那么这种专业学习就会更加有效。"③在这个意义上,实习教师的专业发展过程,就是一个体验实践教学以及其他教育性学习情境的不间断的过程,一个在更具经验的同事的指导下反思自身的过程,一个在个人反思与所学知识理念的互动中发展自己对于教学洞见的过程。支撑这一发展过程的专业理论知识,就应该是更多关照教育实践情境的理论知识;而实践也应该是一种带有批判性反思的实践,是一种重视理性思考的实践。这样的实践才能获得智慧,也才能帮助实习教师真正地学会教学。④ 而通过教育实习积累实践性知识的关键是按照反思性实践的原则展开教育实习,为此,有研究者运用已有的教学反思研究成果,对教育实习的作用进行了

---

① 陈向明《理论在教师专业发展中的作用》,《北京大学教育评论》2008 年第 1 期。

② 刘旭东《师范生教育实践能力培养与教育实习课程改革研究》,《当代教育与文化》2011 年第 2 期。

③ Fred A. J. Kort Hagen, Jos Kessels, Bob Koster, Bram Largerwerf, Theo Wubbels, *Linking Practice and Theory—the Pedagogy of Realistic Teacher Education*. Mahwah: Lawrence Erlbaum Associates Publisher, 2001; p. 87

④ 杨秀玉《实践中的学习:教师教育实习理念探析》,《首都师范大学学报》(社会科学版)2009 年第 5 期。

诠释,并提出了在教育实习过程中开展教学反思的有效策略。[1]

(六)实习生心理的研究

目前国内在这一层面上不多的研究已表明:教育实习对于师范生完成角色转换具有重要意义,主要表现在它能够促进知能的相互转换,具有生动的职业道德教育情境,使得实习生得到交际能力和管理能力的锻炼;[2]在这个过程中,实习生势必要承受一定的心理压力,比如焦虑紧张、急于求成、过分松弛、轻视自傲等等,因此,有意识地进行有效的心理调控是必要的。[3]

总的来看,目前的相关研究有一个共性的思路,就是从怎样当教师、怎样进行教育实习最有效的应然状态出发来说明问题,对于作为实习主体的学生在实习中的实际想法、实践需要、实践经验等问题缺乏关注。比如,怎样核定实习的时间? 选择何种模式最合理? 回答这些问题的一个先决条件,是深入了解实习生在教育实习中表现或形成的个性化特点。又如,教育实习是教师在职前积累实践性知识的重要阶段,而只有深入了解了实习生积累实践性知识的过程和特点,才能够更加充分地利用这个途径帮助实习生更好地形成实践性知识。同样,对实习生的心理问题的反映也比较泛化,实际上任何人在面对任务的时候,都有可能焦虑、紧张,有时候一定的紧张感对于提高执行任务的效能来说是有益的。所以,对实习生心理的探究应该更加深入,特别是对有助于专业发展的心理素质进行探究,像自我效能感、角色感等等。

(七)语文教育实习的研究

20 世纪 80 年代到 90 年代,语文教育实习属于语文课程与教学论的一部分,所以,那个时期一些有代表性的语文教学论教材设了专门的章节谈语文

---

① 杨跃《师范生教育实习反思》,《高等教育研究》2011 年第 7 期。

② 葛艳霞、王云超《浅析教育实习在师范生角色转换中的作用》,《高教论坛》2009 年第 9 期。

③ 黄建华《师范生教育实习的心理障碍与调控》,《中国科教创新导刊》2009 年第 5 期。

教育实习的问题,包括:《中学语文教学概论》(于亚中、李家珍,1985)、《语文教育学》(张隆华,1987)、《语文学科教育学》(陶本一、王光龙,1991)、《中学语文教学原理》(周庆元,1992)。这个时期语文教育实习强调的是实习生将所学的专业理论知识和技能应用到中小学语文教学实践中去,从而培养对教师工作的感情,熟悉语文教育教学工作的基本内容,发展和检验自身的专业水平。

进入 21 世纪,随着高等师范院校的课程教学改革,教育实习被设置为一门独立的课程,于是新一代研究者从课程教材建设的层面拿出了一些语文教育实习的成果,像刘彩霞著《语文教育实习课程论》(2002 年版)、朱绍禹主编的《教育实习全程解说》(2005 年版)、薛猛著《中学语文教育实习行动策略》(2007 年版)、周立群等主编的《语文教育实习导论》(2008 年版),等等。这些成果紧贴世纪之交对基础教育语文学科工具性与人文性统一的基本属性的确认,对实习主体、实习过程、实习内容、实习环境等方面进行了系统的研究;特别是从新时期教师角色的转变切入,按照培养新型语文教师的目标对语文教育实习进行探究。这些研究为语文教育实习的实践注入了新鲜血液,使语文教育实习研究显现出新的活力。

具体到语文教学的实习,虽然近十年的研究有了新的理论视角和专业理论平台,但是基本都是在从事语文教育教学的应然状态上加以分析和阐述,所以,当具体讲到实习生应该完成的任务和实习方法的时候,往往是将语文教学法的基本内容浓缩性地讲一遍。基于此,我认为如果能够从实习生的实际情况出发,把他们实习语文教学的具体特点描述清楚,就能够提供更扎实的理据,使得指导者有针对性地研究、选择实习策略,切实推进实习生的专业发展。因此,我想利用质的研究方法给予被研究者理解性解释的优势,尝试描述实习教师与中学生的课堂交流对于他们专业学习的意义。

二、教学文本解读

(一) 对语文阅读教学存在问题的反思

当前中小学语文阅读教学中存在的主要问题有两个,一个是几十年来长期存在的按照既定程式对学生进行意识形态、伦理道德的教化和应试的机械训练,一个是矫学生为主体之名而放任学生毫无边际、随心所欲地进行文本解读。对前一个问题进行集中的反思主要是在上个世纪末,一定意义上推进了语文课程改革的步速。后一个问题是在课程改革展开后出现的,所以反思也更加晚近一些。

首先是对这两个问题的表象进行集中的反映。

1997 年底,《北京文学》以"忧思中国语文教育"为主题,组织了《女儿的作业》(邹静之)、《中学语文教学手记》(王丽)、《文学教育的悲哀》(薛毅)三篇文章,对新中国成立以来,特别是近 20 年的中小学语文教育进行了尖锐的批判。此后,《中国教育报》《光明日报》《中国青年报》等多家报刊媒体转载了这些文章,受到社会各界的普遍关注,并引发了对语文教育的大讨论。著名语文特级教师钱梦龙老师后来对这场"圈外人"的讨论带给语文教育的"世纪末尴尬"做了较为公允的评价:"尽管我们对批判中某些过激的观点保留自己的看法,但不能不承认,语文教学中存在的这种'教得太死''学得太傻'的弊端,确实已经严重阻碍了语文教学的发展。"那么,"教得太死"和"学得太傻"究竟何所指呢? 按照钱梦龙老师的概括,就是"一篇课文让学生读什么、读到什么程度,教师只要根据'教参'的提示把有关课文的方方面面知识或答案'转述'给学生,学生只需记住这些知识或答案能够对付考试就行了。所谓'阅读教学',其实只是'教参'的作者在阅读,学生只是被动地接受别人阅读的结果,教师的全部工作也只是当好'教参'作者和学生之间的'中介人'而已。"①

对于近三十年语文阅读教学存在的主要问题,专业人员已多有描述和总结,主要就是从庸俗社会学的解读视角切入,按照程式化的解读过程,以肢解文本的方式对学生进行机械训练,来适应标准化考试的要求。

庸俗社会学的解读视角,主要表现为多年来语文阅读教学形成的定式,即教一课书,一定要归结到意识形态或伦理道德的教化上,才算是教得圆满。姑且不论这个观点是否适当,由于对政治思想教育以及伦理道德教化过于简单、庸俗化的理解,对语文学科思想教育的规律缺乏认识,使得对这一认识的实践也越来越浮泛甚至虚伪,对教学文本思想意义的认识,演变成套用"通过……反映/歌颂/批判……"的公式等一堆连师生们自己也没搞明白的概念。这实际上阻碍了学生与文本的真实沟通,使得学生的精神世界在语文课堂这个主渠道得不到滋养,更有甚者,还使得学生学会了违心地用一套"高、大、全"的套话来应付生活。

推衍出文本"中心思想"的阅读教学全过程,长期以来已经形成了一个超稳定的教学程式,即:导入——介绍作者、背景——学习字词——分段、概括段意——分析重点词句——概括中心思想。简单说,这个模式源自赫尔巴特的"五段教学法",又经过了凯洛夫的改造,一个是它有其具体的适用条件;一个是在实践中应用应该充实以具体的课程内容、教学内容,但在中小学阅读课上,实际是无论什么文体,无论哪朝哪代的什么具体作者写的,无论写的是什么,都套用这样的程式进行教学,而且在应考的压力下,基本抽干了那些与考试无关的教学文本的丰富内容,即使课程改革对此有所冲击,这个套路在一线的教学中仍然随处可见。在这样的教学中,作者是死的,文本是零碎、干瘪的,师生也不过是在这样一条规定路线上机械反复的"傀儡"。

---

① 钱梦龙《一个哈姆雷特还是一千个哈姆雷特》,《中学语文教学》2004 年第 10 期。

对这个教学程式的具体实践,主要是按照应试的需要拆解教学文本的过程,主要包括文学常识、字词等需要死记硬背的知识点的训练、对作品中重点词句微言大义的阐发技巧、对主题和创作意图的归纳方法,等等。

课程改革实施之后,又出现了走向另一个极端的问题,即假多元解读之名,而对学生出现的毫无边际、不合道理的解读听之任之,甚至将此视为改革的成果。比较典型的,像学习《背影》只得出个父亲不遵守交通规则,认为《愚公移山》是破坏生态环境的典型,《祝福》是表现祥林嫂的贞节,等等不一而足。一个是这个问题产生的时日尚短,再一个是专业研究者对语文阅读教学的关注程度以及研究水平都有显著提高,所以很快进入到针对问题的分析研究当中。

在反映问题的基础上,相关学者对成因进行了剖析。一个是由机械唯物论和狭隘的社会功利论作支撑的,一个是由于"将后现代哲学理论理解为脱离文本的绝对读者主体论",它们的相似之处是都认为从阅读到理解是一条直线。① 从课程教学论的层面上提出:"找到文本对解读的限制和解读自由度之间的契合点,恰恰是阅读教学最能显示其魅力之处。"②

而值得进一步深思的问题是,在世纪之交开始的第八次课程改革前,上文提到的语文教育大讨论即对第一个问题予以尖锐的批判。在此基础上,语文学科课程改革对此下了很大功夫,在最新修订的《九年义务教育语文课程标准》当中明确提出"阅读教学是学生、教师、教科书编者、文本之间对话的过程""是学生的个性化行为",所以"不应以教师的分析来代替学生的阅读实践,不应以模式化的解读来代替学生的体验和思考";为此,"在理解课文的基础上,提倡多角度、有创意的阅读,利用阅读期待、阅读反思和批判等环节,拓展思维空间,提高阅读质量。但要防止逐字逐句的过深分析和远离文本的过

---

① 孙绍振《读者主体和文本主体的深度同化和调节》,《课程·教材·教法》2010 年第 3 期。
② 钱梦龙《一个哈姆雷特还是一千个哈姆雷特》,《中学语文教学》2004 年第 10 期。

度发挥";在《普通高中语文课程标准》当中,则进一步提出:"阅读教学是学生、教师、教科书编者、文本之间的多重对话,是思想碰撞和心灵交流的动态过程。阅读中的对话和交流,应指向每一个学生的个体阅读。教师既是与学生平等的对话者之一,又是课堂阅读活动的组织者、学生阅读的促进者。教师要为学生的阅读实践创设良好环境,提供有利条件,充分关注学生阅读态度的主动性、阅读需求的多样性、阅读心理的独特性。尊重学生个人的见解,应鼓励学生批判质疑,发表不同意见。教师的点拨是必要的,但不能以自己的分析讲解代替学生的独立阅读。"那么,为什么至今第一个问题尚未得到根本解决? 而且,通过在课程标准中提出相关要求来矫正这种机械化的文本解读问题,却导致阅读教学走向另一个极端:"把读者主体绝对化,鼓吹超越文本的自发主体性,把尊重学生主体性无条件地放在首位。"这难道是必然的吗?

(二)对西方现代文学批评理论的接受

西方的文艺批评思想,特别是解释学理论,可以追溯到古希腊时期对文化典籍进行阐释的传统,阐释学(Hermeneutics)一词即由词根赫尔墨斯(Hermes)派生而来:"它可能从' Hermes'(神使)派生出来的。神使用语言的媒介传达众神的意志,所以被看作是 Hermeneutes(代言人)。"①到中世纪,发展为对圣经进行阐释的学问;19 世纪,以施莱尔马赫(1768—1834)与狄尔泰(1833—1911)为代表的学者将释义本身作为研究对象,摆脱了宗教神学的控制,从而使解释学发生了"哥白尼式的革命"。至今,西方关于文本阐释的研究大致经历了三个阶段:第一个是以作者为中心,代表性流派如实证主义、社会—历史批评等,以探讨、发掘作者的创作意图、背景以及寓于作品中的"本意"为基本研究取向;第二个是以文本为中心,代表性流派包括俄国的形式主

---

① R. 塞内索尔《阐释学:理解文本的一种理论》,《当代西方文学理论导引》,四川文艺出版社1986 年版。

义、英美新批评以及法国的结构主义,是 20 世纪初随着哲学的语言学转向而发生的,主要特点是将创作文本作为独立本体,排除其他干扰,以文本自身作为解读意义的前提和理据;第三个是以读者为中心,代表性流派是接受美学和读者反应批评,认为文本仅仅提供"召唤结构",文本意义最终要靠读者建构完成,所以读者对文本的理解、阐释是文学活动全过程不可或缺的环节,是文学活动的真正终结。①

上述西方文艺批评思想自 20 世纪 80 年代初开始进入中国,开始是在文学理论研究领域译介、传播,到 80 年代末,作为方法论为文学研究所应用。开始为语文教育学领域所关注是在 90 年代初,浙江教育学院蒋成瑀教授的《语文课文读解理论与方法》,比较系统地介绍了读解理论的源流,对语文课文的读解提出了"依据文本类型、读者对象,以一种方法为主,辅以别的方法"的观点,②并运用作者中心、文本中心、读者中心三种解读范式进行了语文课文读解分析的尝试。1998 年,包头师院的韩雪屏教授出版了《中国当代阅读理论与阅读教学》,从更为广阔的视角梳理、总结了中外阅读理论以及语文阅读教学的成果。在这当中,不仅介绍了西方解读理论流派,而且推介了像沃尔夫冈·伊瑟尔的代表作《审美过程研究》、美国的阿德勒、范多伦所著的《如何阅读一本书》,后者近年借道台湾的译介,并由上海著名语文教育专家陈钟梁先生推荐,才得到语文教育学专业人员的广泛关注。

世纪之交的课程改革,将重视读者反应、倡导教学对话,作为基本的理念和原则写入了《课程标准》。自此,在反思阅读教学存在的种种问题的过程中,特别是课程改革基本理念的引导下,很多语文教育研究者和一线教师不再囿于课本和教参的小天地,力求改变"二传手""中介"的尴尬境遇,开始将视野放远,尝试学习相关领域的最新知识,掌握新的研究方法。于是,新世纪

---

① 参考[英]特里·伊格尔顿《现象学,阐释学,接受理论——当代西方文艺理论》,江苏教育出版社 2006 年版。

② 蒋成瑀《语文课文读解理论与方法》第 24 页,杭州大学出版社 1996 年版。

的最初十年,出现了一个文本解读的理论和方法被大面积地、较为系统地学习和接受的过程。

这当中比较有代表性的成果,包括蒋成瑀教授的《语文课读解学》(2000年)、曹明海教授的《语文教学解释学》(2007年)以及四川师大刘永康教授主编的《西方方法论与现代中国语文教育改革》(2007)。

(三)对阅读教学文本解读的研究

上述对文本解读理论和方法的接受、应用,是从理论和方法出发的,重点在阐发它们对语文阅读教学的启示;随着研究的不断拓展,还出现了立足语文阅读教学本身,通过应用相关的文本解读方法,创生阅读教学的新思路、新样态的成果,比较典型的是福建师大孙绍振教授的文本分析理论和包头师院韩雪屏教授的阅读教学多重对话理论。

福建师大现代文学教授孙绍振在20世纪90年代中后期涉足语文教学改革研究,特别是对文学作品的阅读教学改革给予了方法论的指导,提出解读应该以发现矛盾和差异为基本原则,因为艺术作品不等同于生活,它是作家、诗人的情感特征与对象的特征的猝然遇合,这种遇合不是现实的,而是虚拟的、假定的、想象的;相对于现实生活,它具有审美层面上的独创性,而对它的解读正是要不断地体验、阐发这种独创性,具体的办法就是从发现矛盾入手:"有了矛盾,就可能进入分析,就主动了。"①读者只有通过对亲身感受到的矛盾进行深入、细致的分析,才能真正体验到艺术作品的审美意义,并由此不断提高自身的素养。

孙绍振教授的研究之所以引起语文教师广泛而强烈的反响,一个很重要的因素是他还提出了具体的解读策略和方法。在策略层面上,他提出最基本的文本解读包括三个层次,第一个层次是"显性的、表层的连贯感知,包括行为和言谈的过程",这是最通俗的层面,学生往往自读即可掌握,教师的任务

---

① 孙绍振《文本分析的七个层次》,《语文建设》2008年第3期。

应该是"从学生的一望而知指出他的一望不知,甚至再望也还是无知"。然而,现实中大量的语文阅读教学活动是在这个层面上纠缠不休,表面看来好像是因为语文教师以为学生即使在这个层面上也是无知的,但是实质上还有教师自己没有深入下去的原因。第二个层次是隐性的,是"作者的潜在的'意脉'变化、流动的过程",事实上,到这个层次,才算是真正进入审美的解读,因为它才是要求解读出作者的艺术独创性,而这才是文学文本解读的应有之义,正如王国维所说的:"诗人之言,字字为我心中所欲言,而又非我之所能自言,此大诗人之秘妙也。"但是到这个层次也还是不够的,第三个层次,"文体形式的规范性和开放性"以及"文体的流派和风格",是更为隐秘的,但又是使得解读者在文本解读素养上实现质的飞跃的关键。①

在此基础上,他还提出了七项具体的分析策略和方法,包括:艺术感觉"还原"、多种形式比较、情感逻辑"还原"、价值"还原"、历史的"还原"和比较、流派的"还原"和比较、风格的"还原"和比较;并以《直谏中学语文教学》(2003 年)、《名作细读——微观分析个案研究》(2006 年)、《孙绍振如是解读作品》(2007 年)等著作和一批相关论文,提供了大量的文学经典文本解读范例,从而给予了语文阅读教学极大的启示。

韩雪屏教授在《中国当代阅读理论与阅读教学》的基础上,进一步将阅读对话理论和教学对话理论应用于语文阅读教学,提出了在阅读教学中进行多重对话的系列方法,包括:从创作空白处与文本对话、寻求与文本对话的策略、与教学文本对话、课堂教学中的垂直性对话、课堂教学中的水平性对话、与教学环境的发散性对话,从师、生、本的对话关系的角度构建了全新的阅读教学动态模式。②

① 孙绍振《深度同化和调节》,《课程·教材·教法》2010 年第 3 期。
② 韩雪屏《阅读教学中的多重对话》,《全球教育展望》2003 年第 9 期。

三、师生关系研究

早在 20 世纪初,语文教学研究领域已开展关于学生的定位、教师的作用的研究,并且形成了系统化的认识。首先,自 1915 年姚铭恩提出"无论何项教授,均以能令儿童为适当之自动为唯一之主义"①,到 1946 年晁哲夫提出"自学为主"②的原则,语文学习要令学生自动,已经是专家们的共识。在自动策略的研究上,陶行知提出"在自动上培养自动"③的基本原则;具体来说,语文教学要尊重儿童的天性、儿童的兴趣,尊重他们自觉的需要,④教学要以他们已具有的动作和经验为起点。⑤ 为此,教师主要是发挥指导、督促、鼓励、启发的责任,⑥所以教授不仅仅意味着讲解,⑦课内学习应该是自能读书的

---

① 姚铭恩《小学作文教授法》,《20 世纪前期语文教育论集》第 51 页,四川教育出版社 1990 年版。

② 晁哲夫《国文教学必须改造》,《20 世纪前期语文教育论集》第 856 页,四川教育出版社 1990 年版。

③ 陶行知《育才二周年之前夜》,《陶行知教育文集》第 686 页,四川教育出版社 2005 年版。

④ 沈颐《论小学校之教授国文》,《20 世纪前期语文教育论集》第 2 页,四川教育出版社 1990 年版。

⑤ 吴研因《文字的自然教学法》,《20 世纪前期语文教育论集》第 226 页,四川教育出版社 1990 年版。

⑥ 沈仲九《对于中等学校国文教授的意见》,《20 世纪前期语文教育论集》第 103 页,四川教育出版社 1990 年版。

⑦ 何仲英《白话文的教授》,《20 世纪前期语文教育论集》第 136 页,四川教育出版社 1990 年版。

准备。①

这些认识集中体现出以儿童为主体、为本位的学生观，和教学贯通的教学观："教育学的宗旨是仁——真善美的极致，教与学的方法是诚——良知良能的自觉与发挥，己立己达便是学，立人达人便是教。教与学是一件事的两方面，应该是一以贯之的。"②

俄国在 20 世纪 30 年代初期，为矫正时弊，提出了教师发挥主导作用的口号，并为我国所接受；到 1958 年左右，把这种经验概括为"三中心"，即以教师为中心、以教材为中心、以课堂为中心。随后，又从反面提出实践中心、社会中心、学生中心的原则。到 1979 年后，遂调整为学生为主体、教师为主导。20 世纪后期的中小学语文教学领域中，在实践基础上对师生关系进行提炼的代表性成果，是上海嘉定的语文特级教师钱梦龙老师的"以学生为主体，以教师为主导"的思想。经过长期的语文教学改革实践，钱梦龙老师创造了"三主四式导读教学模式"，即以学生为主体，以教师为主导，以训练为主线，通过自读式、教读式、练习式、复读式四种课型，培养学生自能读书的素养。对于"三主"的内涵，钱梦龙老师的认识是：确认学生在教学过程中是认识的主体和发展的主休，是具有独立的地位和极大的认识潜能的实践者。在教学过程中，学生必需发挥主体作用，获得"发现真理"的主动权，而且在个性的全面发展以至世界观的形成上，同样必须由主体来实现。"教师为主导"，即确认教师在教学过程中处于领导、支配的地位，而教师的领导、支配作用，只有通过"导"，才能得到充分发挥。导之有方，学生才能成为名副其实的主体。"训练为主线"，即：教学过程中学生的主体地位和教师的主导作用，只有进入"训练"过程，二者才能达到和谐的统一；而这种以师生双向活动为特征的训练，贯彻

---

① 孙本文《中学校之读文教授》，《20 世纪前期语文教育论集》第 81 页，四川教育出版社 1990 年版。

② 傅庚生《国文教学识小篇》，《20 世纪前期语文教育论集》第 775 页，四川教育出版社 1990 年版。

于教学的过程,成为"主线",其他的教学措施都是服从于训练并为之服务的。"学生为主体"是教学的前提,着眼于使学生"善学";教师为主导,是强化学生主体地位的条件,着眼于"善导";而学生的"善学"与学生的"善导"都必须通过"善练"的科学序列才能实现,所以说"训练为主线"是"主体"与"主导"相互作用的必然归宿。①

就目前来看,对这一公式加以证明和证伪的研究都不少,对本研究具有启发性的有两个,一个是王家瑾的《从教与学的互动看优化教学的设计与实践》,②一个是曾琦的《学生课堂参与现状分析及教育对策——对学生主体参与观的思考》。③

前者利用三维坐标建模,对教与学互动关系的构成进行了动态分析,从而得出:学生强烈的求知欲望和积极的学习行为可以成为推动力,激励教师改善和提升教的状态,最终形成师生互动的良性循环;教师的不良状态不能满足学生,就会出现教学效果的"滑坡",最终造成恶性循环。由此来看实习教师以学生课堂反应为自我评估指标,是因为他们把学生言行上的反应作为积极学习的标志,而这种信号可以极大地鼓励教师的教学积极性,强化教学信念。现在的问题是,学生语文学习的求知欲和学习积极性以什么为表征比较合理?

后者在定量分析的基础上,进一步运用定性分析发现了学生参与课堂现状的一些误区,包括:学生的参与仅限于课堂、仅限于答问,只是教师组织教学的手段,所以表现为对教师的服从。研究者并在此基础上提出了修正的原则:学生课堂参与是一个动态过程,参与的基础是平等、认同,参与不仅是行

---

① 参考钱梦龙《导读的艺术》,人民教育出版社1995年版。
② 王家瑾《从教与学的互动看优化教学的设计与实践》,《教育研究》1997年第1期。
③ 曾琦《学生课堂参与现状分析及教育对策——对学生主体参与观的思考》,《教育理论与实践》2003年第8期。

动上的呼应,更重要的是思维同步、情感共鸣,参与要沟通——表达自己、倾听他人。应该说,本文对现状的概括明确揭示了教师重视学生课堂反应的意义——实习教师将学生反应作为参与课堂的指标,但是,其旨归并非是发展学生。所以,作者进一步提出了更本质的参与课堂指标,这也可以作为教师教学反思的尺度。

四、教师身份认同

(一)身份认同

"身份"是个体所有的关于他这种人是其所是的意识,①简单说就是对"我(们)是谁/他(们)是谁"问题的回答。一方面,身份是在与他人比较中形成的对自我特性的意识;另一方面,身份是通过在社会环境中遭遇各种经验,并对经验进行选择,把选择的经验内化为自身的东西实现的。② 站在主体的立场来看待"身份",对于主体自身而言真正有意义的是"身份感"。按照罗洛·梅的观点,身份感主要包括自我价值感和意义感③。

在英文中,身份和认同是由一个单词"identity"来表示的,它不仅具有"同一""相同"的含义,还包含"属性"和"确认"的意思。它的发展演变,主要经历了从哲学到心理学,再到社会科学的过程。

从苏格拉底的"认识你自己",到笛卡尔的"我思故我在",人类从未停止对认识自身的探寻,这一研究思路到当代形成了专门的研究范畴,即认同(I-

---

① Peter Straffon & Nicky Hayes, *A student's Dictionary of Psychology*, Edward Arnold, 1988, p. 87

② 钱超英《身份概念与身份意识》,《深圳大学学报》2000 年第 2 期。

③ 参考[美]罗洛·梅《自我的寻求》,中国人民大学出版社 2008 年版。

dentity）研究。目前，"身份认同"或者"认同"的研究已成为社会学、心理学等人文社会学科都很热衷的研究领域，它主要是回答我是谁、我从何处来、要去向何处的基本问题。

"认同"（Identity）概念最早由威廉·詹姆斯和弗洛伊德提出，詹姆斯曾用"性格"表示他对"认同"的理解："一个人的性格特征可以在精神或道德态度上看出，当这种情形突然发生在自己身上时，他会感到自己充满生机和活力。这一刻，有一种发自内心的声音在说，这才是真正的自我。"弗洛伊德认为认同"是一个心理过程，是个人向另一个人或团体的价值、规范与面貌去模仿、内化并形成自己的行为模式的过程，认同是个体与他人有情感联系的原初形式。"①

1950年，美国新精神分析学家埃里克森出版了《童年与社会》一书，提出了"自我同一性"与"同一性危机"的概念，从而将哲学上的"同一性"概念引入了心理学的研究中。艾里克森主张，个体在生命周期中要经历八个阶段的人格发展，其中自我同一性作为核心。自我同一性，源于内在发展的个体人格和个体所置身于其中的社会语境的互动过程。在每一生命阶段，个体都有基本的发展任务，它们由一对矛盾所构成，依次为信任对不信任、自主对羞怯、主动对愧疚、勤奋对自卑、同一性对同一性混乱、亲密对孤独、繁殖对停滞和完善对失望。而积极特性的获得，即意味着个体在生命的这一阶段实现了基本目标，建构了自我同一性，并为下一更高阶段的发展奠定基础；否则就是同一性的混乱或危机（Erikson，1950）。在他看来，同一性或认同是一种熟悉自身的感觉，一种知道个人未来目标的感觉，一种从他信赖的人们中获得所期待的认可的内在自信（Erikson，1959）。埃里克森将哲学中抽象的"同一性"这一概念在心理学中进行了具体化，来解释个体人格和自我的发展，虽然他的理论有很多不完备的地方，但却成为"同一性"思想从哲学领域向社会科

---

① 梁丽萍《中国人的宗教心理》第11－12页，社会科学文献出版社2004年版。

学领域转向、过渡的一个桥梁。①

在此基础上,比亚德(Bejarrd)认为,"身份认同"是透过社会情境内的磋商或通过个人所内化的社会角色建立与维持的。科奈利(Connelly)提出:"身份认同"应该是一个人所认同的、关于自己是谁、自己应有的生活与行为方式的概念。② 而作为身份认同核心问题的价值认同,指的是价值主体之间通过变化着的关系使自身的价值观念或价值结构获得重新定位和重新调整的过程。③

周晓虹从社会学和心理学的视角将主要的认同理论梳理为两大流派,以美国微观社会学或符号互动论为基础的认同理论(Identity Theory)和欧洲社会心理学所倡导的社会认同理论(Social Identity Theory)。④

符号互动论认为,社会是通过影响自我来影响人们的社会行为的,其中的核心机制就是"扮演他人角色"。库利(Cooley)提出,自我是在同他人的互动中产生的,所以一个人的自我认同无非是他意识到的他人对自己看法的反映,这便是库利的"镜中我"概念。米德(Mead)提出,自我由作为主体的自我(I)和作为客体的自我(Me)构成,精神和自我在社会的形成中发挥了巨大作用,从而进一步推动了符号互动论的形成。⑤ 符号互动论的另一位代表人物吉登斯(Anthony Giddens)把认同与现代性问题结合起来,认为自我能建构一个完整的意义体,成为自我的反思性规划,从而能够抵御时空分离、抽离化等特征。同时他认为,自我认同(Self-identity)是个人依据其个人经历所形成的,作为反思性理解的自我,⑥而自我认同与社会认同存在矛盾的一面——由

① 周晓虹《认同理论:社会学与心理学的分析路径》,《社会科学》2008 年第 4 期。
② 转引自刘爽《教师专业身份认同探析》,《江苏教育研究》2010 年第 1A 期。
③ 刘芳《全球化时代的价值认同》,《甘肃理论学刊》2004 年第 9 期。
④ 周晓虹《认同理论:社会学与心理学的分析路径》,《社会科学》2008 年第 4 期。
⑤ 周晓虹《认同理论:社会学与心理学的分析路径》,《社会科学》2008 年第 4 期。
⑥ [英]安东尼·吉登斯著,赵旭东等译《现代性与自我认同》第 58 页,三联书店1998 年版。

于社会认同的形成过程包括类化、认同、比较三个过程,而在类化的过程中,人们对一些群体形成刻板印象,而当人们自认为某社群的成员时,也会把伴随该身份的刻板印象加到自己的身上,形成"自我刻板印象化"。① 戈夫曼(Erving Goffman)则从戏剧技巧和舞台控制的角度分析社会生活中普遍的互动模式。② 由符号互动理论发展起来的互动仪式链理论,认为"互动仪式理论的核心机制是,高度的相互关注,即高度的互为主体性,这使得具有成员身份者得到情感能量。"③

社会认同理论发韧于战后的欧洲大陆,由英国学者泰弗尔(Tajfel)于20世纪70年代开创,共形成了三代社会认同理论,代表人物为泰弗尔、特纳(Turner)和布鲁尔(Brewer)。社会认同理论建立在"社会分类"的基础上,认为"个体认识到他属于特定的社会群体,同时也认识到作为群体成员带给他的情感和价值意义"。④ 特纳在此基础上提出了自我分类理论,进一步推进了社会认同理论的发展。他们认为认同可分为两个部分:个人认同(Personal Identity)和社会认同(Social Identity)。个人认同主要反映出具体的个人特质,例如生理特征、个性、人格等个人所做的自我定义。社会认同则是建立在"社会分类"基础上的,是由群体衍生出来的,例如民族、国家、性别等属于某一特定群体的身份:"个体认识到他属于特定的社会群体,同时也认识到作为群体成员带给他的情感和价值意义。"⑤这成为群体关系研究中最有影响的理论。

---

① Simon, B. &B. Hamilton 1994, *Self-stereotyping and Social Context*:*The Effects of Relative In-group Size and In-group Status.* Journal of Personality and Social Psychology 66

② [美]欧文·戈夫曼著,冯钢译《日常生活中的自我呈现》第11—12页,北京大学出版社2008年版。

③ [美]兰德尔·柯林斯《互动仪式链》第79页,商务印书馆2009年版。

④ 张莹瑞、佐斌《社会认同理论及其发展》,《心理科学进展》2006年第3期。

⑤ H. Tajfel & J. C. Turner 1986, *The Social Identity Theory of Intergroup Behavior In S. Worchel & W. Austin*(*eds.*),*Psychology of Intergroup Relations.* Chicago:Nelson – Hall.

泰弗尔认为人们建立社会身份，是为了透过所认同的社群提高自尊。[①] 布鲁尔提出，人们有寻求归属感与保存个性两种冲突的需要，人们认同某一社群，产生归属感，愿意将群体的典型特征加到自己身上，而这又有损个性需要，此时如果个性需要较强烈则会倾向认同较为排外或成员较少群体。[②] 从这个意义上说，"自我"是一个相对性的概念，从个体自我到社会性自我，是一个不断外推的过程。豪格（Michael A. Hogg）和艾布拉姆斯（Dominic Abrams）在泰弗尔的基础上，进一步将不同的洞察力（Insights）和进展（Advances）相整合，对社会认同路径进行了综合、全面的考察。[③] 伯格（Berger）和卢克曼（Luckmann）在《现实的社会构建》一书中，[④]以"初级社会化"和"次级社会化"的分类，描述了自我的社会化过程，即通过与特定社会群体或职业的代表进行对话，来对自己已有的认知和认同对象的知识结构进行一致性的解释，或者悬置前见，对需要进入的职业或领域在认识上进行主观现实的重建，从而获得专门角色知识，进而获得认同、建立信念。

由此来看，师范生的教育实习过程就是一个不断建构社会性自我的过程、一个次级社会化的过程，而基于特定的社会文化背景和职业特点，这一过程有自身的特殊性，既需要根据已有的相关理论进行描述、分析，也应该反映其特殊规律。

（二）教师身份认同

对教师的身份认同研究是 20 世纪 90 年代初期开始的。Goodson 和 Hargreaves 等教师研究专家率先转向对教师自身实然状态的研究，于 1996 年开

---

① Tajfel, H. &J. C. Turner 1986, "*The Social IdentityTheory of Intergroup Behavior.*" *In S. Worchel& W. Austin (eds.),Psychology of Intergroup Relations.* Chicago：Nelson – Hall.

② Brewer, M. B. 1991, *The Social Self*：*On Being the Same and Different at the Same Time. Personality and Social Psychology Bulletin*,17.

③ 参考[澳]迈克尔·A. 豪格、多米尼克·艾布拉姆斯《社会认同过程》，中国人民大学出版社 2011 年版。

④ 参考[美]伯格、卢克曼《现实的社会构建》，北京大学出版社 2009 年版。

始倡导"实践中的教师专业生活"研究。[①] 此后,关于教师身份认同的研究不断丰富,逐渐走向系统化。

首先,就教师身份认同的内涵而言,学者们从不同的视角给出了多种定义,[②]如下表。

作者和研究年份	定义	相关概念
Goodson & Cole (1994)	与对职业现实认识类似,现实的建构是一个人格和情境再现的过程。	自我认知、角色、自我认同
Antonek McCormick & Donatock (1997)	在某种程度上,它是通过自我反思形成的。	作为教师的自我;反思;个人与社会历史
Sugrue(1997)	它不是一套对所有教师都相同的特征,而是开放的、不断重新定义的。	意象;传记;教学意象
Volkmann & Andson (1998)	它是一个个体自我形象与教师必须扮演的角色之间复杂的、动态平衡的过程。	角色;自我;自我意象;个体自我;专业自我
Coldron & Smith (1999)	它不是固定的或单一的,不是一个稳定的实体,而是对自己与他人或环境的意识过程。	社会空间;传统;传记;社会结构
Samuel & Stephens (2000)	它是由关系到自我形成的生活事件中一系列竞争和有些矛盾的价值、行为、态度所"预设"和接受的	自我;文化情境脉络;专业环境

其次,认定教师身份认同是一个动态的发展过程。比亚德(Beijaard)从教师的职业认同的角度进行的研究表明,职业认同是动态的,随着时间的发

---

① Goodson & Hargreaves:*Teachers' Professional Lives*. London:Routledge,1996. 转引自何珊云《课程改革背景中的教师专业认同研究》,华东师范大学 2009 年博士论文。

② 李茂森《自我的寻求——课程改革中的教师身份认同研究》,华东师范大学 2010 年博士论文。

展,通过相关的他人、事件和经验而改变,可以通过职业的相关特征来表征。具体来说,职业认同是一个对经验诠释、再诠释的持续过程,不仅要回答"现在的我是谁"这个问题,还要回答"我要成为怎样的'我'"。它由多种要素构成,受到认同主体和职业机构、工作情境等因素的影响。① Volkmann 和 Anderson(1998)认为,教师职业认同是教师的自我人格与必须遵循的职业角色之间的一个动态平衡过程。② Antonek McCormick 和 Donato(1997)认为教师职业认同是通过教师的自我反思形成的。③ Jansz(1991)从教师知识的角度分析教师职业认同的建构过程,认为是四种知识之间的张力。④ Fred A. 提出了一个教师改变的洋葱头模型,其中,内层和外层相互影响,外层较内层更容易改变,但内层的变化是推动教师改变的根本动力。⑤

关于教师身份认同的影响因素的研究也日益丰富,Sugrure C. 提出,新手教师的个性是职业认同重要的影响因素,而个性则形成于家庭、有重要意义的他人、观察学习、非典型的教学片断、教学传统和文化原型、政策、潜意识中获得的理解。⑥ Knowles(1992)的研究表明,准教师和新教师的教学观和教师

---

① Beijaard,D. & Paulien C. Meijer & NicoVerloop,*Reconsidering Research on Teachers' Professional Identity*[J]. *The Teaching and Teacher Education*,2004(20),107—128.

② Volkmann, M. J. , & Anderson, M. A. (1998),*Creating Professional Identity*:*Dilemmas and Metaphors of A First-year Chemistry Teacher. Science Education*". 82(3),293—310.

③ Antonek, J. L. , McCormick, D. E. & Donato, R. (1997),*The Student Teacher Portfolio as Autobiography*:*Developing A Professional Identity. Modern Language Journal*". 81(1). 5—27.

④ Jansz, J. (1991),*Person, Self, and Moral Demands.* " Leiden University:DSWO Press.

⑤ Fred, A. J. Korthagen, (2004), *In Search of The Essence of A Good Teacher*:*Towards A More Holistic Approach In Teacher Education. Teaching and Teacher Education*, Vol. 20,77—97.

⑥ Sugrure, C,*Student teachers' Lay Theories and Teaching Identities*:*Their Implications for Professional Development* [J]. *European Journal of Teacher Education*, 1997, 20(3):213—225.

观,部分是由他们先前的经历塑造的,他们学生时代经历的特定教学模式,①
以及他们自己先前的教师,都对认同有重要影响。② Reynolds 认为,学校作为
工作场域通过规定他们怎么想和怎样做的文化剧本(Cultural Scripts)来与教
师的认同发生联系。③ Flores & Day 研究表明,对学校文化和领导的积极或消
极感知在促进教师对教学的理解、促进或阻碍他们的专业学习和发展、建构
(重构)他们的职业认同中扮演了关键的角色。④ Brickson(2001)提出了教师
认同确立的三因素模式,认为教师认同的形成和确立是由个人的、集体的、相
互的三大因素影响的,每个因素又包括认知、情感、行为、社会四个方面。⑤

多数学者认为,教师身份认同是个体自我和社会自我的统一,它既包括
基于自身的实践经验和个人背景的专业生活体认(即个体自我),也包括外在
社会对教师的期望(即社会自我),两者是交织在一起的,⑥也就是说,在教师
的身份认同中,需要把经典理论中自我认同与社会认同的部分整合起来。但

---

① Knowles,G. J. ,*Models of Understanding Pre-service and Beginning of Teachers' Biog-
raphies, In Goodson(ed.) Studying Teachers' Lives*, London:Routledge,1992.

② Nimmo, G. Smith, D. Grove, K. Courney, A & Eland, D. , *The Idiosyncratic Nature
of Beginning Teaching:Reaching Clearings by Different Paths. Paper Presented at The Annual
Meeting of the Australia*, 1994, July 3—6, ERIC Document Reproduction Service No.
ED377156.

③ Reynolds, C. ,*Culture Scripts for Teachers:Identities and Their Relation to Workplace
Landscapes. In M. Kompf, W. R. Bond, D. Dworet & T. Boak, Chaging Research and Prac-
tice:Teachers' Professionalism, Identities and Knowledge.* London:Falmer Press, 1996 69—
77.

④ Flores, Maria Assuncao & Day, Christopher,*Contexts Which Shape And Reshape New
Teachers' Identifies:A multi-perspective study. Teaching & Teachering Education*,2006,22(2):
219—232.

⑤ Brickson, S. (2000). *The Impact of Identity Orientation on Individual And Organiza-
tional Outcomes in Demographically Diverse Settings. Academy of Management Review*, 25(1),
82—100.

⑥ Tickle, L. , *Teacher Induction:The way ahead*[M]. Buckingham, Philadelphia:Open
University Press,2000.

与之并不矛盾的是,自我的概念在教师的认同研究中非常重要:"自我概念在教师专业身份认同的定义中是最本质的部分,它强烈地影响或决定着教师的教学方式、专业发展方式以及对待教育改革的态度。"①

此外,对教师身份认同的研究已经发生了从"规范论"到"存在论"的转化。佐藤学(Sato Manabu)指出,教育学关于教师的话语,一直围绕着"教师应当如何"的规范性逼近……而相对忽视了"教师是怎样一种角色""为什么我是教师"的存在论逼近。② 可见,研究教师身份认同之所以有助促进教师的自主发展,是因为教师的身份认同就是在不断地追问"我是谁""我何以属于这个群体"的根本问题,将"作为'人'的教师"和"作为'教师'的人"有机统一起来。③ 所以教师身份认同的研究不能退回到"教师应该是什么"的规范话语中,而应该在一种建构主义的范式下,动态建构出教师自身可能的意义。

魏淑华等学者对我国的教师职业认同情况进行了实证性的研究,得出一系列结论认为:教师职业认同包括六个主要的影响因素,职业认识、职业情感、职业意志、职业技能、职业期望、职业价值观,在这当中,自我是其中的核心因素。④ 把教师职业作为自我价值实现需要的教师,比纯粹作为谋生手段的教师,职业认同程度高。⑤ 教师工作价值观与教师职业认同存在显著的正相关;教师工作价值观在一定程度上对教师职业认同具有正向预测力;在教师工作价值观中,对教师职业认同及其各因子预测效果最好的是利他奉

---

① 李茂森《教师的身份认同研究及其启示》[J],《全球教育展望》2009 年第 3 期。
② [日]佐藤学著,钟启泉译《课程与教师》第 206 页,教育科学出版社 2003 年版.
③ 周淑卿《专业身份认同在教师专业发展之重要意义》,《课程发展与教师专业》第 77—89 页,九州出版 2006 年版。
④ 魏淑华、宋广文《国外教师职业认同研究综述》,《比较教育研究》2005 年第 5 期。
⑤ 宋广文、魏淑华《影响教师职业认同的相关因素分析》,《心理发展与教育》2006 年第 1 期。

献方面。①

自 2000 年以来,从课程改革出发探讨教师身份认同受到了国内学者的重视。尹弘飚、操太圣将教师在变革中的认同状态分为四类:领头羊、适应者、小卒子和演员。② 李茂森、黄腾等青年学者则开始具体探究仅仅担任一种社会角色的教师如何向着在教师职业中建构自我转化。③

目前,我国中小学教师的身份建构受到两种教育价值观的影响:传统的价值观强调知识的传递和考试的分数,改革取向的价值观强调人的发展和长远的培养目标。④ 就目前的实际情况来看,师范生的身份认同危机已经带有一定的普遍性,主要表现为缺乏归属感、方向感,对自身发展有无力感,其本质则是价值认同的危机,有待通过自我重塑来实现个体自我与社会自我的重新统一。⑤ 对于师范生来说,教育实习既是他们社会化的重要阶段,对于开始从事教师职业也具有重要意义。研究发现,实习指导教师作为当前教育范式的鲜活代表,其生动的教学实例和教育故事,是能够为实习教师的范式学习和双方共同发展提供帮助的,条件则是,双方必须实现平等交流和真正对话,指导教师只有将真实生活和课堂的本真自我表现与指导工作的完全融合,才能达到实习教师范式学习和心灵感染的目的,使实习教师加深对教育教学的

① 魏淑华、山显光《教师工作价值观与职业认同的关系》,《济南大学学报》2012 年第 2 期。

② 尹弘飚、操太圣《课程改革中教师的身份认同——制度变迁与自我重构教育发展研究》,《教育发展研究》2008 年第 2 期。

③ 李茂森《自我的寻求——课程改革中的教师身份认同研究》,华东师范大学 2010 年博士论文;黄腾《从"角色"到"自我"——论教师改变的历史困境与可能》,《教育研究辑刊》2005 年第 12 期。

④ 曲正伟《教师的身份与身份认同》,《教育发展研究》2007 年第 4 期。

⑤ 林一钢、冯虹《师范生教师身份认同危机及其原因探析》,《全球教育展望》2011 年第 8 期。

理解和教学实践能力的提高。[①] 在这当中,身份认同是形成教师职业信念的核心要素,所以,在制定实习规范、发展实习生教学技能等方面的研究基础上,从教师身份认同的层面上对实习过程进行深描,有助于深化关于教师专业发展和职前、职后一体化的认识。

① 熊金菊《教育实习指导教师身份认同研究》,《天津师范大学学报》2007 年第 4 期。

第二章　实习生的故事

一、小魏的实习故事

（一）担心自己也在无意中伤害学生

小魏小时候原本是一个开朗、活泼的孩子，但是小学时候老师的严厉管束，使原本活泼外向到自己都觉得自己有点儿"人来疯"的小魏变得越来越"缩"，"缩到最后成了特别蔫儿的那种人"。至今有几件事还藏在她心里，难以释怀。

一件事是有一次音乐老师上公开课，要教的是一首叫做《十送红军》的歌曲。作为导入，老师问谁的爸爸妈妈当过兵？因为小魏的父亲是退伍军人，所以她一边举着手一边站起来说："老师、老师，我爸当过！"但是老师反而狠狠地瞪了她一眼："我说的是现在当兵的！"于是全班都笑了。这让小魏非常尴尬，从此就变得很脆弱，上课不敢回答问题，而且躲着老师。

另一件事是有一次考试的时候，小魏答完卷子还没交，卷子就被她不小心给撕开了。这时候另一个学生提出跟她交换试卷，她一看人家的是完好的就答应了，结果是得了个不及格。老师并没有了解这个情况，只是因为小魏平常学习很好，所以认定此次是她不认真，于是让她写检查，并要求在全班同学面前宣读。结果是全班同学笑了她很长时间，了解情况的笑她傻，不了解情况的是嘲笑她不及格，以至于她无法面对老师和同学，恳求父母不要让她上学了，但是又没向父母说明情况，所以父母不同意，她只好硬着头皮去上学。

让她走出阴霾的是她的初中班主任："对我影响最大的是我初一，刚开始的班主任，对我影响特别特别大！我这人比较适合鼓励教育，小时候老被打压，老师看着我就烦的那种，我都能感觉到看着我就烦，我也不敢理她，后来到初一之后那老师对我特好，什么事儿都鼓励我，什么事儿都让我干，弄得我初中特有自信，什么都……现在你要让我去讲台上面对全校的人演讲我绝对害怕，但是那会儿不用打草稿我都能上去讲话去，我觉得跟那个老师的关系特别大，她每次都特别鼓励我，有什么事儿都让我干，全班的活动都让我组织，给我很大的权力吧。我那会儿是学习委员，但是基本上就担着班长的职责，班长不管事儿。那会儿我也学习好，全班同学也比较服我吧，什么事儿都是我管，老师也是什么事儿都交给我干，所以特有自信！"而且，这个班主任也是小魏的语文老师，所以上语文课的时候就不断地鼓励小魏举手发言，非常有耐心。开始的时候，鼓励了半天小魏这节课也没什么行动，但小魏发现老师一点儿也没怪她，相反还继续鼓励她。等到她终于鼓足勇气举手了，即使答得不是很准确，不是很到位，老师也给了很热情的表扬。这些让她已经紧张的心态放松了一些，变得很蔫儿的状态舒展了一些，"基本属于正常了"。

到了高中，她在同学中找到了志同道合的朋友，"我就像找到了自己的天地一样，就有了自己存在的一种感觉。"

学生时代的这些经历至今对她仍然有很大影响，这个心态使得她对于即使鼓励了自己、自己喜欢的老师，也无法完全单纯地、积极地去理解："我就是要向她学习。我也不会那样打骂学生，就是那个班再次，不管是不是真的爱他们吧，至少表现得你很爱他们，很尊重他们，就绝对不能让他们看出你很鄙视他们。我觉得学生都会懂，你要是鄙视他他一定会讨厌你，那你这工作就进行不下去。其实后来我们那个老师也跟我说，当时我们那班可让她头疼了，但是她表现得就很好，表现得就很喜欢我们。"而自己也即将成为教师的小魏对自己的经历是有理性的反思的："我当老师反正绝对不是那种特温柔特细腻的老师。我也怕，其实我当小学老师也怕一点就是，我这个脾气吧，有时候挺不能顾及别人的感受的。我就怕无意之中伤害孩子，就跟我小时候那老师伤害我似的，我觉得学生没准儿会恨我一辈子的，挺害怕这个的。万一哪天一不开心，小孩儿做一件事儿让我烦得说他们一句，也许人家性格好也就没事儿，也就过去了，要是真跟我似的，过事儿往心里走的话没准儿真的让人家讨厌一辈子。我属于冲动起来就不过脑子了。挺难的，我尽量吧！现在我也在学习，就比如说什么事儿吧往中间走走，别老太两极分化了。反正一步一步来吧，也不可能一步做到。"

（二）"失败"的体验

小魏对自己实习的总体感觉是"失败"，而且主要原因她自己也很清楚，就是对于自己和学生关系的处理很不满意。

最初进入实习学校的时候，她是希望指导教师能好好地把她介绍给学生，然后多给她一些管理学生的机会，帮助她树立起威信。但是事与愿违，指导教师第一次带她去见学生的时候，就只是非常简单地说了一声"这是来我们班实习的老师"就算完了；而且，大概是那个学校常年都接实习生，学生可能也对实习老师习以为常了，表现得根本就不在乎。她甚至觉得，是不是还有自己个子矮小的原因，总之是觉得"根本没有什么存在感"。

进入实习之后，小魏发现学生不拿她当回事儿是很大的问题，因为严重影响到她的教学和班级管理，比如学生课间在教室里喧哗笑闹，她走进教室，预期反应的是学生会稍微收敛一下，哪怕安静一会儿，但是完全没有。特别是有一次她独自去监督学生做课间操，结果他们班学生表现得比平时班主任在场时差很多，而最令她生气的是："我就问一个同学，我说咱们班平时就这样还是就今天这样，学生说就今天这样，就这种口气，就今天这样。回去我就批评他们，他们还特别不服，就是那样，摔书的那种，因为你凭什么管我们呀！当时觉得特别生气，觉得特别不受尊重。"因为她干的最多的事就是判作业，所以小魏希望从这件事切入来改变自己的状况，比如指导教师是不是可以既让她判作业,也让她决定奖惩的措施,这样手里就有了权威,学生就会怕她。但是,老师一直是自己讲评作业,这就让小魏觉得:学生一定认为我不管事,只管判作业。

(三)想干的不能干,不想干的必须干

至于语文教学的实习,小魏的感觉是"想干的不能干,不想干的必须干"。这主要指的是她对试讲课文的教学设想和指导教师的要求很不一致。《台阶》是分配给她的第一篇试讲课文,她原本的设想是:

首先在我心里,作为读者和作为教师读这个文章是不一样的。作为读者,我读的时候首先感觉父亲嫌他家台阶低就是嫌他家地位低,所以一直在奋斗,做了一个高台阶,好不容易做好了却不敢坐,这个深层次的原因就是中国传统农民长期的自卑,还有一些奴性吧? 还有深层次的,什么生产力跟不上社会时代的发展,而且还有乡村特别闭塞,但归根结蒂还是自卑。我觉得应该是从根本上改变他的发展方式。我看过作者说的一段话,说他写这个文章的目的一个是赞扬父亲的勤劳,然后就是对他的那种谦卑表示一种惋惜,也透着些他的奋斗,但是好像没有那么浓,一直都是惋惜。他赞扬父亲的勤劳,又觉得农民的那种谦卑不太适合在当下社会发展。他过于老实、厚道,不适合现在的这个社会,他应该去转变他的思路,不要一天到晚地在那儿捡砖捡瓦的,应该创新,这种创新就是不用奋斗一辈子才盖一个高台阶。到最后,他人也老了,身体也垮了,最后修成高台阶却不敢坐,什么都没落着,特别不值得。

我觉得要是老师讲的话,根据我们班的情况,讲不到这么深,我就只讲到分析父亲形象,到这儿就结,那个深层次问题我作为课后思考题,留给学生了。而且时间也不允许我前边分析得特别细,到后边根本没时间讲。

我自己的设想是,先让他们说:父亲为什么在三级青石板上抱怨? 也就是在低台阶上抱怨? 因为他总是嫌他的地位低,父亲为此付出了大半辈子,一年到头在忙活,好不容易盖好了高台阶他却不敢坐了,然后我会问学生他为什么不敢坐,学生应该会得出结论:父亲有一个谦卑的性格。得出这个性格之后,我就让他们总看,这两点我还没想好怎么衔接? 我会说:你觉得父亲这一辈子值吗? 学生一定会说不值。因为他奋斗了半辈子之后,居然没地儿坐了,然后我就问为什么不值? 为什么父亲不敢坐了? 一般学生会答出因为父亲觉得他不配,不配坐在高台阶上。父亲觉得他不配、地位低,那么他到底是一个什么样的地位? 学生会说他是山沟里的一个农民。他是山沟里的一个农民,同时也是中国千百万个农民中的一员,然后总体地引到千百万个农民,他们靠劳动争取幸福,可是最后却没有任何改变,那么要问为什么? 拿前面的谦卑再引一下,就得出答案,再问他们想不想提高,怎么样提高,这样……我已经引导出来了,本来要把它列出来——把他父亲之前的情况、他的奋斗、之后的不敢坐一一列出来,我是想问一下,引导学生说:这样值吗? 学生就会回答值或者不值。然后我说:值,值在哪儿? 不值,不值在哪儿? 然后就会一步一步引导出来中国农民的那种努力争取,到最后却没有提高等深层次的原因。

但是指导教师认为不合适,而为什么不合适她又没问,只是自己猜测:一个可能是觉得实习生把握不住这么深的东西,怕给学生讲乱了;一个是怕学生基础差,接受不了。最后只好模仿其他同学的思路设计自己的教案。

（四）宁愿学生怕我

真正要上讲台之前,她也还没找到改进师生关系紧张局面的办法,于是她在不知如何是好的心态下,选择了端起架子,和学生拉开距离。用她自己的话说:"我宁可学生怕我。"

到第二次试讲的时候,小魏老师站在讲台上的样子已经和第一次不同了,面无表情,语调威严。课的起始阶段,她想了解一下学生的预习情况,但是提问的方式却是:"昨天我让大家预习课文了,现在实事求是地告诉我,有多少人没有看? 没看的举手!"学生自然不好举手,但是又觉得不承认不太好,所以只好犹犹豫豫地示意。一看是这样,小魏决定再给大家三分钟把课文看一遍。待学生看得差不多了,让大家复述一下文章的主要内容。没有学生举手,她就点了一个学生的名字。而她对这个学生答问的评判方式是:"你觉得全文写的就是父亲慢慢积攒材料去盖一个台阶是吗? 是这样吗? 好,请坐。大家都是这么认为的? 是吗? 有不同意见吗? 或者你们支持他们吗? 怎么都这么沉默啊! 看了半天总要知道点儿什么吧?"从表面来看,她这些话当中包含着对学生的不以为然,但是了解了她内心的困扰和压力之后再来看,实际上表达的是她的反击。因为班里学生对她一贯的"不尊重",令她恼羞成怒:"我是一个老师,但是我是一个不知道该怎么办的老师,每一次我去看他们班自习、监考什么的,全都是该说说,该抄抄,我说别抄了,还继续,过一会儿继续抄,站在讲台上真急,真是不知道该怎么办! 我觉得在他们心里面,就完全不把你当一个老师,不管你做什么都不喜欢。"

采取这样的解决问题的方式效果如何呢? 应该说,学生确实怕她了,比如到实习结束的时候,别的班的学生对自己的实习教师依依不舍,用各种方式表达离别之情,甚至泪眼相送,但是他们班的学生却只是冷淡地跟她说了声"拜拜",令她黯然。

(五)关键要爱学生

对实习中师生关系的处理,让小魏感到很失败,直到实习结束后,她都一直在琢磨这件事。经过冷静的反思,她对自己的处理方式有了一些新的认识。

1. 处于被动

用她自己的话说,在和学生相处的过程中,自己一直是处于被动的。在行动上,学生不主动对她表示友好的话,她就不知道该怎么和学生打交道,也不敢先去和学生接触,因为担心这个学校的学生对实习生已经是司空见惯了,如果她老主动找学生,学生会不会感到厌烦呢? 而在心理上,她还觉得:他们不喜欢我,我为什么先喜欢他们?

2. 骨子里还是学生

但是实习过后再回想,觉得这种想法实在是源于自己骨子里也还是学生。怎么叫骨子里还是学生呢? 比如有时候她在班里,一开始课堂气氛弄得挺凝重的,她在那儿绷着脸,但是学生稍微逗她一下,没说两句她就笑了。她笑了,学生也就跟着笑,事情稀里糊涂就过去了。另外,有时候课下她甚至和学生像同学那样笑闹,玩儿着玩儿着忽然才意识到自己是老师。

3. 最重要的是爱学生

而对于自己那些你不理我,我凭什么理你的心态,她进一步意识到,还是自己缺乏作为教师的包容心:当个老师真是不容易,原来我想得太简单了,觉得上课你讲得开心,学生听得也开心,不就可以了? 现在看来,当老师最重要最重要的就是要爱学生,要发自内心地喜欢你的学生,在这个基础上才能谈得上其他的:"我觉得如果以后真的进入教师这个行业,我要克服的第一个问题就是我怎么样先喜欢这个行业再说。"

二、小齐的实习故事

小齐从小到大都是传统意义上的"好学生",学习成绩名列前茅,而且担任班干部,所以处理各项事务的能力也比较强。因为各学年的成绩都很好,所以本科毕业前争取到了保送研究生的机会。

现在,相对于强制性地、灌输性的教学要求和手段,尊重学生的个性和自主性,对学生的学习要以激发兴趣、启发诱导为主,已经被普遍地接受为一种更科学的理念。逻辑上,一般认为强制性地要求学生学习,学习者无论是态度上还是素质上都很难有积极的发展。但是作为一个中国普通家庭的 80 后学生,小齐从小到大的学习经历实际上是对以上的认知提出的反例。

(一)学习的意义

小齐是土生土长的北京人,北京人的生活态度让她有一种慵懒的倾向,比较随遇而安。她的父母只有大专学历,人到中年后发现,这样的学历层次发展的机会相对较少。可能就是因为学历不高带来的压力让其感受比较强烈,所以他们希望唯一的女儿能读得高一点儿。基于这样的希望,父母从小就特别重视对小齐的教育,一心一意地培养她,特别是母亲,在督促她学习方面付出得最多。小齐一上小学,母亲就天天盯着她完成作业,写得慢点儿都不成;为了让女儿学得扎实,她自己每天给女儿听写字词,而且听写的方式是,今天学第五课就从第一课听到第五课,今天学三十课就从第一课听到第三十课。直到小齐读小学三年级,才不这样督促了,因为发现生字她看两遍就能记住,而且也养成了努力学习的习惯了。

初二有一段时间,可能是到青春期的缘故,小齐显得对学习不是那么专注了,期中考试跌出了年级前五十名。结果她母亲居然哭了!这是她第一次看到母亲流眼泪,对于一个十来岁的孩子来说,十分震惊,真是吓坏了。现在再回忆起来,她已经理解母亲了:她可能想表达……她觉得她前面付出的那么多就要付之流水了;她觉得女儿现在不好好学习了,成绩下滑了,那么她之前辛辛苦苦、省吃俭用让女儿好好学习,都付之流水了。其实也是,如果自己的孩子,别说孩子了,就是有一件事付出了那么多年的心血,都别说那么多年,就两三年的心血,它一下子倒了,是挺让人后怕的。后来,小齐的成绩很快上来了,甚至比以前还更好了,妈妈就不再管学习这事儿了,不操心了。但是这件事不但使得小齐从那以后再也不敢不好好学习了,而且到现在仍然很受触动。

从上中学起,小齐就开始参加各种课外补习班,什么课外班儿都上过,只要觉得有需要了就上。而母亲就风里来雨里去地骑着车接送她。上奥数的时候,她显得比班里那些男生脑子慢,妈妈就特别着急,而母亲的焦虑也令女儿很不开心,于是就更努力,直到获得满意的成绩。现在想到这些的时候,小齐自己就不由得反思,为什么这些都没让她产生逆反心理呢?仔细想想,她觉得首先恐怕是父母在言行之间潜移默化地施加了这样一种影响,即努力学习获得了好成绩,是最令人感到踏实,而且值得骄傲的事;在这样的氛围里,她也慢慢养成一种个性,就是要靠学习争气,所以她从不抱怨现实,只努力改变现状。但是现在反思起来,她觉得这样在心态上也有一些不好的地方,比如爱用成绩衡量人,对成绩不好、不努力、没能力的看不上,但是面对比自己强的又自卑。

小齐从小就想当老师,而且要当主科老师、当班主任。选择中文专业,是因为她从小语文成绩就好,初中的语文老师又有一套有效的作文指导方法,不但让她的作文水平在初中的时候突飞猛进,而且还给了她多方面的启发,所以她在这个时候对从事这个工作的愿望就开始变得明确了。此外她也考虑到,自己只是普通老百姓出身,像有些工作,比如当医生吧,家里一个医生都没有,就干不下去。

读了师范大学之后发现,这里郊区的孩子特别多,家庭升格条件都不太好,所以学习都特别刻苦。本来上大学的时候没想好好学习,觉得总算上了大学了,可以松口气,但是因为要强,这样的环境让小齐也接着发奋了。

小齐的学习方法很适应每学期的专业课考试,就是先抓住书本,再涉猎一些别的,比如看参考书或者是看别的一些文献,逐渐就训练出抓重点的能力,而且慢慢地,各门课程学的东西就建构成一个系统了。经过四年中文专业的学习,她觉得自己不仅获得了专业知识,而且还培养出一种底蕴和气质,比如当她和学了外语专业的同学比较,就能明显感觉到两个人气质上的差异。再者,她觉得自己看社会看得更清楚,活得更明白一点儿,这也是因为文学是对现实世界的映射和提升,使得自己处世的态度不会人云亦云、东倒西歪。

她觉得每一阶段的学习都像是过一道坎儿,而自己心里很清楚的就是,她过每一道坎儿其实都付出了比别人多的努力,但是她不抱怨,只想着通过自己的努力改变现状。而且,好像竞争已经成了她的一种习惯性心态,她把这些经历都看成是考试:"考过了我的感觉就仿佛是一种加冕。"

(二)好老师的标准

由于从小到大关注学习,所以相应地对教师这个工作也逐渐形成了自己的好坏标准:好老师对我的帮助特别大!我并不是说老师给我什么格外的照顾,但是她如果对学生特上心、严格,对学生抓得紧,每天追着我,在细节上盯死我,我就认可她。所以我对好老师的认识就是能认真负责地督促我学习,而我对师长也能理解。

小齐高中时候的老师们,是她概念里好教师的典型。他们平常没课的时候在教研室也一起读书、讨论教学,那样的氛围令她神往,甚至此次实习前,她还幻想着回到母校老师们的身边,以同样的教师的身份跻身到他们的研讨当中去。而且,她高中的语文老师对应试教育的一番见解,也给予她很大启发:"我们老师并不一味地说应试教育就一概不好,她觉得考试不但可以磨砺人的智识,而且考验人的心态和努力程度,还能让人坚持信念——这个对我影响挺大的。"而且我那个老师很能坚持,她的同学什么的都改行走了,她还干呢,而且干得挺有成就感的,我挺受触动,所以只要敬业,水平有限也值得尊敬。

她对于不好的老师的印象,主要就是为了私利而对待学生不公平。所以她下定决心,以后当了老师一定要对每个学生都好,做到一碗水端平。当然,现实有很多不尽人意的地方,这她不是没想到,而是要把各方面的情况考虑周全,尽量发挥才智来解决问题,做到不影响对学生的态度。

到高三的时候,她已经很明确地把当教师作为自己的志向,因为她高三时候的班主任,让她真正感受到了一个中学教师的伟大:"那些高三的日子,是她给予了我们全班最多的帮助和最及时的温暖,所以我希望能够成为像她一样的老师。所以我希望自己也能做一个懂得学生的心的老师。如果我当了老师,一定要给予学生他们最需要的。我要用我的心力去陪伴一批孩子成长。我知道,这既需要我扎实的专业基础、讲课技巧,也需要我用心去帮助、陪伴每一个学生。"

(三)实习的起点

小齐是带着自己的专业问题来参加这次教育实习的。她上初中的时候就发现,同学当中普遍存在着对阅读的兴趣丧失的问题,而且觉得这跟语文老师的教学有直接关系,因为就她自己的学习心理而言,语文课往往是想听的老师没有讲:"比如我想听老师怎么理解这个文本? 跟我是不是有共鸣? 老师喜欢哪些句子? 但是老师关于怎么评价的都不讲,就是概括段意,然后就过去了。"

在参加此次教育实习前,小齐已经在大学二年级的时候参加了院系组织的教育见习。因为她是到自己的母校见习,所以指导老师还额外给了她一次试讲的机会。在备课、授课过程中,她感到自己找不到合适的话语来表述自己的想法:"想说说不出来,无法表达对文章的理解,或者是用语言表达自己的体会,并且让学生也领悟到。"这种言说的无力感,让她意识到语文课特别挑战文学功底和知识积累。与此同时,和她一起见习的一名男同学的试讲,不但引用了很多东西,而且特别有话说,这给她很大启发,发现语文课堂教学虽然有思路,但是实践这个思路没有固定的模版,要靠教师在课堂上随机地与学生展开对话——"这就要求嘴和大脑要控制得非常好"。因为中小学的时候语文一直学得很好,总是全班第一,在全年级也名列前茅,而且自己很喜欢当语文教师,所以就觉得上讲台当语文老师对于自己来说就是一个自然过渡。但是见习给她敲了警钟,让她觉得需要更多的锻炼机会。

另一方面,自从上大学她就知道,作为师范生,他们大四的时候是要去实习的。而她的心情则是,好像从那时候就开始期待,想象自己正式从学生转变成教师的时候,会是什么样子、什么心情? 所以到走进实习基地校的时候,她觉得实习对她来说就像是一种仪式,好像经过这次实习,自己就成为了一名真正的语文教师了。所以,她把实习作为自己蜕变的一个重要环节:"我就是希望能够利用这次实习的机会，使自己学习做一名合格的老师——学会如何备课、上课，看看如今的学生与我们的代沟有多深，了解他们。"

（四）实习经历

小齐对实习总的感觉是"不痛不痒"。从她的经历、反思来看，这主要出于三个原因。在主观上，实习过程让她大失所望，觉得没什么可期待的了。因为去了以后最日常的工作就是组织学生活动和判作业，这些活儿对她来说无论在工作量方面，还是在难度方面都毫无挑战性，每天基本就是机械地上班下班。

而她从指导教师那里也没有获得期待的指导。虽然这个老师工作很负责，甚至加班加点，但是给她的感觉就是有量没有质。听了两节课以后，小齐总结指导老师的教学，就是提问题让学生在文章里找答案，非常量化地把文章拆成模拟试题，然后反复练。这让她觉得，好像老师对自己的这些学生没什么期望，就是灌输、照本宣科，然后关注落实。到听作文讲评的时候，她更觉得失望，因为自己初中的语文老师那种用范文效应来启发学生的做法，曾经在她身上取得了很好的效果，所谓"范文效应"，就是借助点评写得好的文章，给学生讲清楚应该怎么写，之后让学生自己学着点评，还让学生抄写经典作品。但是这个老师很自然地就她点名道姓地说谁谁谁写得不好，这让小齐听着十分别扭。她还发现，有时候这个老师甚至错着讲，但是"作为实习生怎么去教老师呢"？

但是她在自己备课、试讲的过程中并没有松懈，还是很认真地对待这次教学实习的机会。所以客观上说，她还是有很大的收获。

分配她试讲的是初二的一篇当代散文《台阶》。这篇作品写的是身为农民的父亲，付出了大半辈子的辛苦，为了建一个有高台阶的新房子，目的是提高自己的地位。但最后的结果是，台阶虽然建好了，父亲的身体也垮了，而且他一方面感到欣慰，另一方面又不是很习惯有了高台阶的生活。作者以身为农民的"父亲"花了大半生时间给自家房子造高台阶为主线，折射当代中国农民的文化心态以及作者对这种心态的体验和反思。教学的核心要求是通过分析人物描写和塑造人物之间的内在联系,来体悟散文的特点。

小齐在备课开始的时候,是先自己反复读文本、做圈划,几遍之后,她发现文章的前后铺垫、对比很多,前面的很多话都是在给后面父亲造台阶、造好后身体垮了做铺垫;而且很多句子颇有深意,很触动她。所以她初步地想给学生多讲讲这些内容,把自己的体会能传达给学生。至于父亲这个形象,小齐觉得是比较复杂的,因为他既有作为农民的不畏劳苦证明自己的精神,又有一种自卑感,而且,他付出了大半辈子的辛苦,为了建一个属于自己的新房和新台阶,等到建成了,他也老了……这些都让她联想到现代人生活的艰难,不禁既感无奈,又唏嘘不已。但是,她觉得这个作品中的"父亲"形象是比较复杂的,它不是说光像《信客》就是诚信,或者坚韧,光是积极的一面,他还有反映社会问题和阴暗面的意思,而这些能给初二的孩子讲么? 所以就没往分析父亲形象上面去想。自己读完课文之后,她又去看老师给的课件和网上的相关参考资料,才发现分析父亲的形象普遍地被设定为这一课的重点:"这一下子就把我局限住了。"而指导教师又提出了更具体的要求,让他们用十五分钟左右的时间落实生字词,然后训练一到两个能力点,不要扩展太多就可以了。

她想不通的是,表面上看,任务过于简单,就是好好把生字词落实了,然后选一个点讲一讲就成了,但是感觉好像自己没有什么价值。而实际上《台阶》这课这么长,无论是人物形象还是思想感情对于初二的学生来说理解起来都有一定的难度,但是老师让用一半儿的时间落实字词,那么只剩下 20 分钟怎么讲课文呢? 而且, 走出冥思苦想的困境的助力,是"发现了学生":"之前我特别理想化,可是来这儿一个礼拜之后发现根本就不是那么回事儿。我想去给学生们讲那些拓展的,我想让他们明白这个内涵,然后再做拓展阅读,但是我发现,他们连课文也还不能完全掌握,说明学生需要一定积累才能够生发,现在我们要做的就是把他们这些给夯实了,尤其在初中。所以我进一步理解了把刻画人物作为重点的意义。"

想通之后，她把"一到两个能力点"理解为讲一个方法，用这篇文章作为例子来练习、体会这种方法。她观摩指导教师的教学时，发现学生对于描写的方法还缺乏清晰、系统的认识，所以她把"方法"确定为描写方法。在此基础上，又设计了一个"固定知识"的环节：在导入之后，分析父亲形象之前，总的概述一下基本的描写方法，包括正面描写、侧面描写、语言描写、动作描写、心理描写等，就是让学生心里有一个清晰的概念和标准，再结合课文的相关内容，让他们行动。而自己解读课文的收获，则作为展开分析课文言辞的基础。这样，这个环节就成为一个具有三个层次的立体系统：第一个层次是"固定知识"，即明确描写的主要类别；第二个是举例说明；第三层是在分析课文时借助具体片段进一步体会："主要是培养一种思想吧，就是怎么样去把握人物形象，能够让学生在以后分析记叙文的时候，都有一个基本的路子，比如要分析谁的形象，就把这些描写的话找出来，再逐步分析。"

本来她想得挺简单的，就觉得父亲的形象特点从文章里一找不就出来了么？但是到具体写教案的时候才发现，觉得这句话有点儿意思，其实具体分析起来，这句话也有点儿意思，那段描写也值得分析，内容还是挺多的，所以把握了父亲形象之后可能就剩不下几分钟了。至于把握作者的思想感情，她原本是想引导学生思考，这个仅仅是写一个父亲吗？但是又觉得是不是就有点儿大了？有点儿像讨论文学母题，一个作者的文学观什么的。就得说到文学与社会、文学与世界，这么一种关系，这要一讲恐怕就搂不住了；但是如果不说这个问题，她也觉得别扭，因为她揣测学生读完这个文章，可能这里是模糊的，因为即使是自己，如果不琢磨一下也有点儿糊涂："它这个到底是想写什么呢？就想写父亲辛辛苦苦多半辈子，最后老了，感觉有点儿沉闷。但是我看完文章还挺感动的，想到自己的父母操劳一辈子也挺不容易，就想最后还是给学生一个比较正面的东西。"所以决定只作为小结点到为止。

在教学时，这个环节主要是运用讲授法完成的。

　　在分析父亲的形象特点之前，我们来复习一下小说是如何刻画人物形象的？总体来说，刻画人物形象主要用正面刻画和侧面烘托两种方式，来做的人物形象的刻画和描写，那么简单来说呢，就是外、语、动、心、神这五种正面刻画的方法；那侧面烘托，我给大家解释一下，侧面烘托可能同学不是很理解，就是用他人的评价，或者说用一些别的事物和人物来衬托我们要说明的人物的形象特点，给大家举一个例子，大家就可以很好地理解侧面烘托是一个什么样的情况：在《三国演义》中，写吕布对貂蝉一见钟情的时候，有一个情节，吕布在相府中喝酒，貂蝉来献舞，这个时候先是貂蝉的贴身丫鬟上来献舞，吕布刚要喝酒，酒杯就停在自己的嘴边，就注视着——人家姑娘长得美呀！作者就用了大量的篇幅来写这些姑娘跳舞，身段多么地优美，杨柳细腰，五官长得多么地精致，多么地漂亮，眉毛眼睛写得都非常地细致。这个时候，小姑娘退场了，貂蝉随着乐歌开始跳舞，这个时候作者没有花丝毫的笔墨来描写貂蝉的面容，而是这么写的：吕布本来停住的酒杯哐当一声就掉到了地上。所以说可以从侧面衬托出貂蝉要比丫鬟还要美上十倍、百倍，所以说这就是用外物，或者说用他人侧面衬托或烘托出要写的这个人物特点。所以说大家在接下来的三个部分的段落的分析的时候，一定要注意找到文中正面刻画父亲人物形象和侧面烘托父亲人物形象的这些句子。

　　然而，试讲当中又出现了新的问题。

　　如上文所说，小齐很为《台阶》中的"父亲"形象所感动。于是，她在本课教学的结束阶段，滔滔不绝地跟学生宣讲了一番自己的体会和感动："在别人心里他虽然住上了大房子，但是他本身的地位，他所拥有的财富，或者说他所拥有的别人尊重的地位，真正得到改变了吗？大家看文章第十五段。父亲每天上山砍柴，冬天砍了四个月的柴，每天得走破一双草鞋，他才得到多少钱？他的收入和他的付出成正比吗？所以这也表现了作者对父亲寄予的什么感情呀？对农民阶级的一种……同情！那对于这种现状，农民阶级辛辛苦苦一辈子，还没有我们大学生上班之后一天挣得多，也表达了作者的希望，对于这种现状……加以改变的……希望和期望吧？那我们来看一下作者的思想感情，×××帮我读一下。"然后用课件放映了一段总结性的话："从凄楚、心酸中走来的父辈，可能他们的愿望、追求，在儿子的眼里不是耀眼、精彩的，却是实实在在的。他们血管中流淌着的那份坚忍不拔、拼命硬干的生命因子，恰是撑托事业辉煌的砥柱。让我们从心底祈愿，造好了新屋、砌上了九级台阶的劳苦的父辈们能尽享这份收获和喜悦。感谢父亲！"

但是令她十分失望的是，学生只是毫无表情地看着她，等她一说下课，马上活跃起来，根本没有受到任何的感染！

她对自己讲授《台阶》时的情感熏陶环节失败进行了反思，在此基础上，形成了《如何在初中语文教学中进行情感熏陶》的论文。她从教师备课时的文本解读、对学生预习的引导以及师生的课堂对话三个方面切入来探究，从而提出：语文教师在备课时要与文本深入交流，获得真实的感受，同时，不要为了思想教育而进行思想教育；对学生预习进行引导的关键，是给予学生自由解读的时间和空间；在课堂教学中，师生都需要培养人文情怀，教师不强求理解，学生不让自己的思维和想象被标准答案束缚。

授课过程中，指导教师坐到学生中间"坐镇"，令小齐既觉得安全，因为学生就能配合得好一点儿，又觉得不舒服，因为这样威慑学生，和她的理念太不一样了。而课后老师也只是强调了一下教态方面有些什么地方需要改进，这让小齐很不满足，她鼓起勇气问了老师自己一直带着的那个言不尽意的问题，但是老师的回答只是说，怎么也得磨几年。但是，究竟怎么磨也没说。毕竟她已经确定自己被保送读研究生了，所以新的期望纾解了实习带来的失落，反观实习，也就是"不痛不痒"。

（五）实习的体会

小齐对实习的主观感受总的说是比较负面的，乃至之后的一段时间，她都处在一种消极情绪当中。为了走出这种情绪，她开始有意识地反思自己的专业学习和发展方向。经过这样一番理智的反思之后，她才发现，其实实习还是有收获的,最重要的一点,就是终于找到了语文课应该教什么:"应该说之前没有找到语文怎么教的目标,现在我觉得,语文教学就是培养学生的能力点和语境、语感,把它们和文化、生活经验贯穿到教学中去。过去我是就阅读讲阅读,现在则思考到底积累什么? 学生的语感、语言环境和他的词语、他的情感以及大脑反映的连接;还有整个的语感、语言素养的培养。"对语文课该怎么上有自己的想法了之后,她就拿自己的想法去试练,之后做家教或是参加短期的支教活动时,就不再像过去那样,拿来课文就给学生讲自己的心得,或是讲考题,而是自己先读出体会,再让学生读,谈自己的感受:"我现在对分析文本比较有热情,像理解内涵啊,语句分析啊,怎么整体把握文本等等。"而令她惊喜的是,经过这样一番交流之后,应试的题目也就全在这些内容里了。

此外,从这些普通中学的一线老师身上,她深切地感受到教师工作的辛苦,特别是做教师的人容易被磨掉热情,变得不清纯——"这是我未来非常要解决的问题"。而且,通过和中学生们相处,让她觉得自己责任感更强了:"我觉得学生应该得到更负责的态度,而老师本身不能把位置放太高,老师必须有老师的样子,对自己应该有要求,要保持自己的形象。"为此,有了问题就要想办法,想到办法就会有行动。

三、小楚的实习故事

小楚并不在我带队的实习学校,为了想了解一下其他实习校的情况,我选择她做了补充访谈。她的叙述给我很大冲击——她讲了自己实习过程中与指导教师的互动以及得到的收获,让我觉得是那么地熟悉,那么地舒服,内心不由得感到:这才是实习应该有的样子! 那么,这是一种什么样子呢?

（一）对从事教师工作有热情

小楚从小就想当老师,所以读了师范大学。问她是不是家里有人是老师?她说不是。是不是因为教师工作稳定,适合女孩子?也不是。"就是当时上学的时候特别喜欢,就觉得当老师感觉特别好!说不上来的一种感觉。我也不知道为什么?从小就特别想当老师(笑)。就特喜欢老师这个职业,就是单纯地喜欢。我自己也说不清。"但是这种感情我能理解,因为当初我就是因为想当语文教师,才读师范,喜欢到不顾父母的反对,喜欢到当想到世间的职业的时候,除了教师好像都想不起来还有什么职业可干。这样,就会在学习和工作中不断去追求教师工作的理想标准,并因此而用所遇到的教师身上的优点来建构自己理想的教师形象。

就教育实习乃至以后的教师生涯来说,这份热情是很重要的发展动力,而教育教学实践又会不断将热情打磨、升华为信念。特别是在实习中,需要新手教师全情投入地体验工作。这里面的道理,我感觉首先是取法乎上,方得乎中——因为真正当上一名中小学教师以后,每天要面对各种烦琐的工作、突发的状况,在此基础上,还要完成通过日积月累来育人成材的基本任务,而这样的生活是年复一年、周而复始的。所以,实习过程中如果不能充分投入地、高强度地体验,以后很难坚持;再者,实习阶段正是反思、应用所学专业知识的开始,还没有迫不得已的现实工作压力,也尚未被现实的教学环境塑型,所以此时作为打基础形成的教学意识、工作习惯,乃至教学模式,对后续工作影响是很大的。其次,就是在真实情境中完形化地、整体性地进行实践,从而展开对今天叫做实践性知识的积累。更进一步说,无论做什么事情,"投入地爱一次"都是关键——不计得失、忘我投入,则不仅达到成功,而且会令生活产生美感,生命绽放华彩!由此获得的工作体验,又会直接影响主体的信念和工作状态。

基于这份喜欢,实习前她就跃跃欲试:"实习之前,我从来没有正式地给一个班的同学上过课,就是上那种比较正式的语文课,所以就特别想体验一下。一种很急切的心情,特别想体验一下! 就是这种感觉,特别想上一次!"带着这种心情走进实习学校的她,注意力很容易地聚焦于对教学的学习。

(二)与指导教师积极交流

实习生和指导教师积极、有效的沟通,对于实习的绩效具有决定性的作用。这种沟通首先是建立在实习生对指导教师认可的基础上的,唯其如此,实习生才能积极主动地向指导教师学习、请教,并积极、善意地理解指导教师的言行。小楚的实例充分证明了这一点。她的语文指导教师,并不是一个热情主动的老师:"跟那三个同学的指导老师相比,我这个老师不属于那种很细心的老师,对我的指导不是特别的细致。我们四个实习生每人有一个指导教师,像另一个指导老师,让我们判作业的时候就会提前说,作业应该怎么判,特别细致地讲一下要求。没有什么事儿的时候,她也会说说班里同学是什么情况,属于比较健谈的。另外两个同学的指导老师比较年长的,都五十多岁了,教学经验很丰富。而我的老师则比较沉默,我要是不去找她的话,她不会主动地告诉我应该怎么做,是完全放手让我一个人做事的那种。"之所以这样有多种可能性,比如她性格如此,或者因工作繁重,或者是因为对指导实习生已经习以为常,仅凭表象就遽然下结论是草率的。小楚是从理解的角度来看待自己的指导教师的:"可能是因为当时快期中考试了,她们的教学任务比较重,而且我记得那个老师说,那个学期她们的教学进度有点儿赶。"唯其如此,小楚才能够更加仔细、虚心地发掘指导教师的可学习之处。

观摩指导教师的教学后,小楚最强烈的感受是这个老师很干练,讲课不拖泥带水,让学生觉得很"顺"。小楚所谓的不拖泥带水,是和她这样的新手教师比较而言,如果一个问题让她讲会讲成什么样儿呢? 她的老师该说什么就说什么,没有废话。不像新手教师,口头语特别多,如果一个问题讲不清楚,就会说一大堆话。而她的指导老师能够用很简洁的语言把问题说清楚,非常利索。小楚说:"她讲课一点儿也不干瘪,不但思路很清晰,条理很清楚,而且内容也很丰满,注意语文课的情感特点、人文特点,也不乏风趣。所以,

70

学生听来都清楚明白,不觉得难。我听课最大的感觉就是'顺'——就是你能跟着她的思路走得很顺。我比较喜欢她的那种风格,符合我的预期,讲得清楚,听得轻松,没有那么累。"

指导教师要真正担负起指导的责任,除了身教还需要言教,就是能够凭借自身经验,并且根据实习生各自的特点和实际问题,因材施教,和实习生进行交流。在这当中,就备课的方法、教学的思路晓以实践性知识是最理想的。而教师实践性知识作为教师在实际教学中逐渐积累起来的,为教师所真正信奉并实际运用的知识,①它具有很强的内隐性,往往处于缄默状态,可意会而难言传,需要教师自己不断地进行反思,通过自我解释形成经验,最终凝聚为具有指导作用的价值取向,并实际指导着惯例性的教育教学行为。② 由此来看,指导教师对实习生真正发挥言教的作用,需要彼此不断地展开交流。小楚的这位指导教师显然已谙其道。

虽然指导老师不喜欢实习生随便就去听课,但是当小楚听课后有问题试着问她,她往往能够从讲述自己的思路、想法的角度,让小楚理解教学的逻辑,从而解决自己的疑问。

在此基础上,到分配了试讲课文后,她对小楚进行了耐心、深入的指导。第一步她先让小楚自己看文章。因为是鲁迅的《拿来主义》,小楚感觉挺难懂的,所以她自己准备了将近有一个礼拜,才弄了一份教案出来,并且做好了课件。做好这些功课之后,小楚把教案拿给指导教师看。

指导教师对小楚的教学设计的看法是思路混乱、缺乏条理,不少地方过于跳跃,有些东西又是冗余的,需要删减。她告诉小楚,之所以她有这样的感觉,是因为根据她的经验,这样的教学流程在很多地方无论是表述还是提问的方式,学生都可能听不明白。之后,指导老师就针对这几个问题帮助小楚

---

① 陈向明《教师实践性知识研究的知识论基础》,《教育学报》2009 年第 2 期。
② 陈向明《对教师实践性知识构成要素的探讨》,《教育研究》2009 年第 10 期。

修改,前后改了三四遍。

首先是对多出的内容进行删减:"那篇文章有好多可以讲的东西,比如说那里面用的比喻论证啊,对比论证啊,这都需要讲,然后还有先破后立的方法,我当时都挺想讲的。她就说你讲得太多了,然后她就给我删了。后来又来回删改了好几遍,在具体内容上做了好多调整,哪些该讲哪些不该讲……"

其次,是逻辑顺序的调整以及表述方式的修改:"当时包括先讲哪儿后讲哪儿,还有这部分怎么讲,这个问题怎么问,就有些问题我可能设计得不是特别清楚,可能我问了之后大家根本就听不懂,她就给我改,这个问题应该怎么问比较好,来回改了好多遍。"

再次是深入到教学语言的设计。问题怎么样提出来学生能够接受,讲解怎么说才能让学生真正有所得? 这些都是新手教师缺乏的经验,小楚亦然。当然,这种经验需要随着多历练、多实践慢慢积累,但是这里面也有个效率问题。小楚的指导老师点出了她在设计教学的时候不考虑学情的问题,而且给了她一个学习考虑学情的"抓手",就是"你这个问题会得到大家什么样的反应?"

两个人的交流方式,多是面对面地就教案进行沟通:"她是以平等的态度,跟我探讨,不是强制的那种。她的语气温和,给我指导的东西都很关键。"一般是指导教师问小楚,做这样的设计的想法和思路是什么? 然后把自己读了这些设计的感受告诉小楚。"就比如说有一个问题我设计得很不到位,她也不知道我想问什么,老师可能就会先问我:你这个问题到底想问什么? 你想达到一个什么样的效果? 我会告诉她我想让学生回答成什么样,她就会说你这个问题设计得不是很明确,你这个语句里哪个地方不是很清楚。然后她就会说,你觉我这么问可不可以? 我就觉得她说的那个比较好,我就会采用她的那个问问题的方式。"有时候小楚听了不明白或者不认同,老师并不着急,而是和她进行讨论,到最后往往是小楚觉得老师说得对。

这样的指导使得小楚有很大收获。

"我的体验就是,在准备教案的方法上有了很大的进步。原来像我在志愿服务的时候,在一个小学上课,教案的准备从来不会说考虑是否符合同学们的思路,我就按我想的,想讲什么内容就往上弄,但是老师给我弄完之后,现在我每次准备教案都会想到同学的角度,准备完之后我也会想这个教案是不是条理清楚,我这么讲学生能不能接受。"

到试讲之后,指导教师仍然是针对小楚对师生互动的处理进行指导。在她看来,小楚一个基本的问题就是对学生的引导不够:"虽然我的教案写出来了,问题都设计出来了,但是面对那种实际情况我的思路可能会有些乱,没有那么灵活。比如一个同学回答完了,我对他的评价不够。我可能就说一句,嗯,回答得不错,请坐吧,但是不会像老师那样,具体地给学生分析这样回答怎么样怎么样,引导比较少。"特别是点出了一个特殊的问题:"当时我问了个问题,就是文章里有一个片段,我问同学使用了什么写作的手法?我当时设想的是他们能够答出比喻论证,然后我就可以继续往下讲了,但是当时有一个男同学回答了另一种手法,可是我没听见,指导老师正好坐在那个男同学旁边,她听见了。课下她就跟我说,如果当时上课的时候你注意到了这个男同学的回答,你可能会给他解释一下这两种手法的不同,这个将会是你课上的一个亮点。"

(三)得到认可,更想当老师

教育实习作为教师职前教育的总结和走上讲台的前奏,担负着建立职业信念的责任,而这种信念的建立,主要来自于自我效能感的提高和对教师工作的积极体验,因此,自己的教学得到认可对于实习生来说意义重大。小楚的努力得到了收获,不但指导教师,就是学生也认可了她的教学,这让她"更想当老师了":

"之前我想当老师的愿望只是停留在想法层面,而没有实践。但是实习之后我发现当老师真是挺有意思的,挺有乐趣,挺有成就感。尤其是我准备了那么长时间,然后给大家讲了,讲明白了,因为当时我讲完之后问那些学生,我说你们听明白了么? 我当时不想达到什么别的效果,就想让他们听明白就行了,然后他们说听明白了,我特有成就感! 怎么说呢? 就是加强了我想当老师的愿望。"

四、小燕的实习故事

(一) 想干什么就一定能干成

小燕是家里第二个孩子,她还有一个哥哥。所以从小她就养成不想成为焦点、不习惯被关注的性格。她第一次高考落榜了,原本周围没有女孩子考不上再考的,但是她坚持想去复读,父母还是同意了。而这次复读不但让她考上了师范大学,而且给了她一个非常重要的经验,那就是什么事情只要敢争取、敢尝试,不让自己有退路,就一定能干成。

整个大学期间,小燕的同学们都觉得,过一段时间小燕就会有一个新面貌,而她自己很清楚,那是自己不断寻找发展空间、不断自我改进的结果。而这样慢慢地也让她心更宽,更理性:"我会更多地分析它为什么会发生,吸取经验,然后想怎么解决问题,而不是一下子就钻到后果会怎么样怎么样上面,好像慢慢地还真不怎么冲动了。"

到大四该找工作了,在竞争激烈的情况下,虽然已经前往多所学校试讲过了,都石沉大海,但是小燕没有气馁,也不抱怨:"我把这些看成是正常的。每次讲完回来都有一些收获,然后下次就注意改。"

这种个性让她在实习的时候也不断地寻找改进的空间。

(二) 该干的和不该干的

小燕反思自己的实习,认为自己"该干的都没干,不该干的都干了"。那么,她所谓的该干的是什么,她干的怎么就是不该干的呢?

　　首先,她在之前大学三年的专业学习中,并没有选修任何有关语文教学的课程,所以对于打算当语文教师的她来说,此次实习是很重要的学习机会。她在实习前有很具体的打算:利用好学校的实习机会,完善自己,最起码在实习结束后明确知道作为一名语文教师和班主任应该做哪些事,知道一篇课文怎样讲才能让学生有收获,而不是在一厢情愿地讲自己想讲的。就备课而言,清楚知道如何确定教学目标和教学重难点以及哪些是必须要设置的环节;明确哪部分是需要课下准备的,哪些是教师需要课上发挥的。因此需要看老教师的教案,并听其讲课,感受并分析其备课的过程,以便尽快熟悉备课过程。就讲课而言,如何导入,引导学生分析问题,完成教学目标。现在的困惑就是如何制定、完成教学目标:一篇课文中有很多可教的,如何从中确定出教学目标。每一个教学目标如何实现,一个个地解决,还是按课文的前后顺序来分析段落? 此外,讲课文的最基本目标是什么? 此外由于自己本身语言表达不很清楚,还需要积累一些常用的课堂用语,观察借鉴老教师组织课堂的有效方法,积累鼓励学生的词语等等。

　　整个实习过程对她而言是通过实践发现问题、深化认识的过程,指导教师的示范较好地发挥了促进她反思的作用。

　　她对备课的反思,主要是认识到教师对课文应该有自己的理解和体会:

　　之前我还想,要是找出自己想讲的再讲,那可能花费时间就太多了! 真是。我讲那两次课之前准备的时候,先开始也是听这句听那句,拼在一块儿,然后觉得那样根本就……那样讲起来特别不顺! 当时讲第一节课的时候就感觉特别不顺,感觉联系不上,因为都是听别人的,自己想也想不通什么的,但是就讲了……后来自己真的是把这个文本分析出来以后,自己讲自己想讲的东西就会顺很多,而且也觉得有意思很多,觉得应该这么去备课,这样也才能讲一些别人不知道的。可能讲得不太成熟吧,但是都是自己想讲的,感觉就更有意义一点儿。

　　这是在实习结束时对她进行的访谈。由于实习中的焦虑心情,再加上缺乏经验,所以小燕没等自己很深入地解读了教材就开始做教案了,结果经过实践发现,这样讲起来不顺。对于具体怎么不顺,她感受最强烈有这样几点。

一个是"导入",她在《信客》的导入部分设计让学生观看反映一位被评选为"感动中国人物"的邮递员事迹的视频,然后对学生说:"同学们,刚才我们看到的人物就是"2005 年感动中国人物"之一王顺友,今天我们也要学习一位王顺友式的人物,叫做'信客'。"之后便进入课文。

首先,通过推敲、体验,她对"导入"的基本作用有了一定的体会。

我觉得开始直接就说字词什么的太生硬了,如果不加一个导入的话,一下就让学生们检测生字词,他们就觉得特没意思。我就想说,加入这么一个导入,通过我的话,让他们能够有一些感想,学这篇课文之前他们就有一种思想的酝酿,然后带着这种情绪,再来学这篇文章,我感觉就是好带,他们的思路也不容易跑偏。

具体到《信客》的导入,小燕的设想是通过这个视频让学生了解一下信客的职业是做什么的。可见,她认为学生能够建立二者的联系。但是让学生明白什么呢? 如果仅仅是让学生明白信客就是邮递员,那这个视频的效能就太弱了;如果是想让学生体会这个工作有多么艰苦,那么在看到邮递员翻山越岭的画面和理解本课中的邮递员的各种遭遇之间,并没有直接的联系,在更细微的层次,还需要进行细致处理。所以,指导教师在课后的建议是视频就不要了,因为视频是介绍别人的,但是课文写的是这个人,他们的关系不是很大;况且,课文里面就有这个信客需要做的内容,所以我用这个视频几乎没有起到作用,而且还会分散学生的精力。

对于指导教师的这个意见,当时小燕理解得不是很到位,认为播放视频的教学效果不佳,是因为技术问题,在后面的很多同学可能都听不见。

而同样使用了这段视频作为导入的小魏,处理的办法就更好一些(见小魏的故事)。通过对比,小燕进一步认识到自己是"挺好的东西没用到位"。

再一个体会比较深的地方,是对教学任务的设计。

　　第一节课我的目标就是得把这个课讲下来，而且是比较自然地讲下来。对，第一节课《台阶》的时候我对自己的要求就是这个，能把我想说的都说出来，别在上边紧张什么的。这个目标好像我上了10分钟以后觉得就达到了，但是那个课其实我觉得失败的也就是当时设计的时候没设计好，时间先开始就没设计够，然后就是讲的那些内容吧也没有什么深度，而且还有一个就是没结合他们班的情况，不知道那些学生到底是什么层次。讲完以后我就在想，那些东西吧，等于没教他们什么，什么都没教，他们下边都有参考书，记得课文里有一个词，谦卑！我刚一问他们，第一个人回答的就是"谦卑"。当时我特惊讶，我说你怎么知道？后来在他们讨论的时候我才知道，好多人都有参考书，我觉得这个课……就讲得……当然他们也是为了配合我，一节课他们配合得还行，但是他们没学到东西呀！我觉得这样讲不行，也没引导。

　　《台阶》这一课，她设计的主要任务是把握"父亲"的形象特点，基本程序是导入之后带领学生学习生字词，之后借助分段让学生了解文章的思路，在此基础上分析人物形象，最后，用一个"父亲是……的人，因为……"的造句作为总结。这个思路本身并没有什么问题，问题如她自己所反思的，是没有切实结合学生的实际，因为只要是已有一定的记叙文阅读素质的学生，对这样的文章自己就能够大致把握文章的思路、主题以及人物特点，况且学生还有教参，在这种情况下，课堂教学就需要更上层楼，即师生们围绕文本展开个性化的对话，教师的引导作用也体现在这些地方。再一个，对于父亲的形象特点，她是有相对标准的答案的，这也是导致要讲的内容很快讲完了的一个因素，因为不同的读者对于这个人物的理解和体会是不会完全一样的，如果能够让学生真实地面对自己的理解和体会，就不存在课程内容设计不足的问题，但是她担心的是："但是我又想到一个问题。要是他们说的我不知道怎么办？（笑）而且他们如果提出说，我这儿感兴趣，我那儿感兴趣，但是我下面没讲，就是……我没想到（笑）？"对此她反复说："如果学生的说法不一怎么办？我会说，大家都已经总结完了，我再总结一下大家的说法，然后我就打出一个来?"而一旦她引导学生向着标准答案去,学生就会不自觉地换一种"配合"的思路。根据这个班的具体情况,跟老师配合出标准答案是很容易的。

所以小燕在实习结束后体会到,备课对课文应该有自己的想法,应该深入发掘、反思自己的感受。只有讲自己读出来的东西,讲自己想讲的东西才顺,才有意思、有意义。

由此可见,所谓该干和不该干的,实际指的是把语文教学程式化地走了一遍,但是这样走的过程中出现了各种各样的断裂,教学应该追求的是过程中有"人"、有个性。

(三)示范作用更大

从对小燕的访谈中得知,指导教师的示范是她反思的一个主要的标准,如她所说:"我尽量像我的实习指导老师那样。"

首先,她很注意观察并思考指导教师的优点。

我的老师跟同事关系挺融洽的,但是自己有自己的想法,不怎么随大流儿,我去她的办公室时,别的老师在聊天,她就忙自己的。她常说,跟办公室同事的关系融洽很重要,但是自己的任务一定要先完成。

她即使心里生气,上课的时候状态、精力也不受影响,特别饱满,学生可能学得不好,但是老师这个课要上好。

比如说我去班里听课,老师就跟我们说有他课直接去班里听就行,也不用准备,看见我进去以后,老师就会更加认真,会教我更多东西,很多东西讲得很细。像讲作文这些方法,她那时也没有谁去教,是自己总结的,反正她自己有自己的心得体会。

再比如说判作业,不忙的时候,会让我们判作业,到紧张的时候了,快期中考试了,前一周这个作业就得急着看,还要关注班里一些学生的情况,她就自己判。判作业其实可以发现很多问题,要是忽略了,那么这个作业就白判了。老师就自己判,说自己要看一些情况。

其次,小燕觉得最有帮助的,还是指导教师自己授课的示范。

我觉得示范课影响更大。她讲课讲得挺好的，包括讲课文、讲作业都讲得挺好的，她在讲课的时候，特别有激情，给我的感受很深，我也就学到了，也算是一种指导。有激情，这样就让学生愿意听。还有就是讲课组织语言很干练，声音也特别洪亮，给人感觉精神状态很好。学生听得清楚，她的思维也很清晰，设计的问题，一环接着一环的，对学生也有一定的引导，这个我觉得挺好的。上一次听了一节作文课，是同学们写过的，老师给他们批改，批改的时候老师先是再分析一次那个题目，给这个题目找关键字，找完这个关键字，就再说这个关键字包括哪些内涵。老师在下面列出来，列出来以后再启发学生你们觉得想写哪些，先确定前面的关键字，再确定后面的关键字内涵，就是一步一步地把这作文讲得特别有层次感。以前在我的思维里面，作文反正就是给一个题目，学生写，写完以后老师就说好或者是说不好，再找几个范文就行了。听完老师的作文课，会有意识地按照老师的方法去写了，比如说运用修辞方法，开头怎么点题，结尾怎么升华。

而对于指导教师，她也不是一味模仿，而是用自己的体验与指导教师的经验"对话"。

像我们指导老师告诉我们一个方法，大概是什么思路，你也就按照这个思路弄教案，照葫芦画瓢，差不多就等于是用别人的教案。感觉不是自己的东西。说实话，我感觉知识是死的方法是活的，如果按照指导老师的做，这个方法就死了，知识也死了。虽然这种方法有点死，但是起码我知道这种方法是可以用的，因为实习之前我连这种方法都不知道。

(四)给自己进步的机会

每个实习生都有自己的个性，像她，在说自己不该干的都干了、该干的都没干的时候有点儿自嘲，但并不沮丧；她估计在指导教师的眼中她只是很一般的实习生，不过不觉得委屈或者气馁："理论高度、经验之类都是一点点积累的，有一个大的目标就是你自己慢慢学，再加上这种基本上掌握得挺少的方法。"这大概是缘于她的成长经验——她本来是很内向的，养成不想被关注、不想成为焦点的性格。现在她反思说:"可能还真是高三那次复读,才觉得只要你努力了,肯定也都行,所以就想去尝试一下,去努力一下——总算敢去努力,以前都不敢! 就觉得肯定也不行,老自己否定自己,反正现在觉得行不行的都试试。胆子……现在干好多事儿的时候也会害怕,但是就是害怕我也会去干,嗯,就这样,以前就觉得怎么着也会找一个借口不去(笑)。现在自己会去主动争取了。"

五、小秦的实习故事

小秦出身于农村家庭,三代同堂。爷爷奶奶虽然没有什么文化,但是生活勤勉,也严格要求自己的孙女养成吃苦耐劳的生活习惯。在这样的氛围中成长的小秦,一方面诸事能"往好处想",另一方面,因为听话惯了,好像不像妹妹那么有主见。所以,初中毕业的时候,就是因为觉得考高中比上中专、技校更高、更有出息,所以就考了,考大学选专业也是老师给做的主。到现在大学即将毕业了,她才意识到,如果自己从一开始目标就更明确的话,可能发展得会更好。

高中三年的生活给予了她很大的影响,因为她觉得自己是在高中的时候"开窍"的:"就是有一天我突然脑子开窍了,不知道为什么,全懂了!"而自己能开窍,她觉得很大程度上要归功于老师们的提携:"老师的作用,主要就是提携你。像我们老师,无论怎么问他们问题也不烦。如果老师一直很重视你,学生自己心里就会有一种积极向上的心态。"

但是到上大学以后,没有准备高考那样的氛围了,老师也不像中学那样时时耳提面命,所以四年大学生活她觉得过得好像有点儿浑浑噩噩的。

她对实习抱的最大的期望,就是指导教师能够帮她挖掘出潜能,哪怕给她挑错也行。于是,实习过程中她很踏实地干活儿,哪怕判作业很多,也觉得自己是新手,干一遍等于学一遍。但是干到最后,她觉得实习没学到什么东西,还不如去什么培训机构打工。这种感觉,主要来自于从观摩教学,到自己上课的经历。

从表面来看,小秦备课、授课的流程是最顺畅的,教案老师没挑出什么问题,课也是顺利地上下来了。之所以她自己感觉很不好,主要是经历了这个过程之后,反而发现问题了。听课的时候,她发现指导教师的教学过于简单:"就干读课文,读好几遍,能读一节课。授课之后,发现教学实际就是老师挖坑学生跳:"咱们现在这课,不管教得会教不会,按现在这个模式来说,说白了就是你挖一个坑让学生往里跳。我觉得有点儿像猜谜,老师不停地引,就是这个正确答案不能说出来,其他什么都能说,到最后他能知道答案就行。感觉更累了,还不如填塞呢,老师更费力了。有时候引着引着就觉得,都说到这份儿上了怎么他还说不出来!就差把正确答案告诉学生了。但是如果不这样是不是更没法儿引了?以老师的角度来说,就更费脑子了,以前可能你知道这个答案就直接说出来了,学生也就直接接受了,就背吧;但是现在要更费脑子,我怎么让学生说出这个词儿?他其实以前可能没这个意识,要是真有词儿学生说不出来你也得给他说出来吧?你就引呗,能说出来的是好的,说不出来你不是还得告诉他吗!你要费脑子再去加工一个过程,这个东西怎么产出来的?这个词儿怎么产出来的?什么意思你要知道,这个意思给他弄明白了,那你说词儿吧。"

到实习结束去求职的时候,有一次试讲她感觉非常好,不但很"顺",而且投入得仿佛已经忘了自己身在何处。这时再反思自己实习时的教学,她感到很矛盾:一方面,她已经知道自己应该有所追求,用她的话说,该干什么都知道,就是一直没干;另一方面她又担心,如果自己一直没能再一次激发出像高中时那样的奋斗激情怎么办?所以,她打算找一个层次低一点儿的学校去工作,这样可以多给自己一些机会。

六、小韩的实习故事

（一）教师观

小韩以学生的身份看待老师的时候，有很多的想法，常常想，要是自己当老师就会怎样怎样。比如说，中学的老师普遍地给小韩一种感觉，就是不能照顾大多数："老师们好像有一种思想，就是不管这个班学生有多差，我只要能教出一个清华北大的来，我这个老师就够本了。抱着这种思想，那他讲课的重点就全都奔着高一层的，像我们这种基础差一点的，就越来越跟不上了。所以只能自己回家去下功夫，请家教。在学校课堂上得不到什么东西了。"但是，他高中时候的班主任在他眼里是不同寻常的。

印象最深的老师可能是我高中的班主任吧。他是教历史的。我学的是文科，等于三年一直跟着他。他就是，讲课的时候很常规化，讲的东西没什么特别的，但课下，他当班主任这份工作做得很好，做得很有新意，跟其他班主任管理学生不一样。他会抓住每个学生的特点，或者心理。像当时我跟我一个同学，特别淘，老惹事。一般老师肯定会三天一请家长，到办公室罚站。但是那个老师的管理方法不一样。他不会太去压抑你这个学生的性格特点，他也会发现你们确实淘，但你们学习成绩也挺好，这是为什么，可能跟你们这个玩有关系。你们很聪明，接受一些新的知识或者事物也很快。可能让你们一味地学，你们倒没法把这个心给踏实下来。就是，他会在学校调整你。首先，你不能做一些很出格的事儿，违反校规校纪，上课捣乱，那肯定不行。在一些课上，因为他知道这节课你很快就明白了。他很会衡量，明白你接受一个新知识以后，用多长时间把这个东西理解到一个峰值。可能再接下来他再去强制你学这个东西，你这个状态会越来越差。所以他就调整你的学习，上课刻意减轻一些你的任务,这是第一点;第二点,掌握这个知识,我觉得我会了以后,可能会进一步想去探究一些东西。毕竟,学生学习肯定最重要。毕竟你大部分时间还是在学校度过。如果你学校老师可以帮你更好地调配时间,你回家以后玩心就没那么大了,可能你还更能踏下心来学习一些东西。毕竟你理解能力比较强的话,别人几个小时理解的东西,你用一个小时就能理解。但是如果你在学校过分压抑这个性格的话,回家你就想把它释放出来,不能坐下来踏踏实实地学一个小时,等于你没有别人好。如果能坐下来踏踏实实真正学一会儿,即使时间很短,只要能把这个东西理解了,那你的成绩肯定会比别人好。我觉得这种管理方法还是比较好。

对于大学的专业课老师,他也有自己的看法:"有些专业课老师讲课会把他对一些事情的理解讲给你,会加在他的课中讲给你,有时候他的理解和你的理解会有冲突,那这种冲突下你学到的知识也许你并不一定能接受,立足点都是反着的,那他的课你肯定听不下去啊,那你听不下去你学到的东西又怎么能够转化到中学教学中去用呢。"

经过教育实习之后,他的想法有了很大变化,用他自己的话说,是"理想彻底向现实的转变":首先,真正体验之后才知道,教师工作又累,琐事又多,而且对教师的要求多少年没有多大变化,今天看来已经有点儿死板了。这些,都是当学生的时候完全想象不到的。很多当学生时候的想法,真正深入到教师工作以后才发现,很多时候老师即使知道学生怎么想,也不敢、不能顺着学生的意,而不自觉地就想对学生有所引导,想多教育学生。同时,过去的有些设想,等真正接触了学生之后才知道,其实是偏离轨道的,作为教师不能那么去做。所以,如果说以前对教师工作更多是喜欢、有兴趣,实习之后更多的是对这个职业的理解和责任感。

(二)教学观

小韩在参加此次学校组织的教育实习之前,自己已经在另外一所中学的初一年级实习了一个多月,只不过主要练习了备课,还没有得到上讲台的机会。而那所学校备课的常规，是一个年级组统一备出一份教案，每个老师基本是按照一个教案的大体框架来讲；如果想讲更多的东西，还可以加进去一些，所以总体的教案概括性非常强，很多东西是公认必须要讲到的重点。备课的策略方面，主要是要先看一下这篇课文是什么类型，每个类型的课文备课都有一个大体的思路。概括地说，首先要把基础知识，还有这一课要突出的重点，在教学设计当中体现出来，然后要在课堂教学里体现。总体是从上到下、由大到小。这个备课模式给他的感觉，好的地方是思路比较清楚，无论什么水平的教师都能对教学有一个大体的把握，如果经验够的话，一般来说按这个教案讲学生就会很明白，很清楚基本的思路；缺点就是难点不是特别突出，你认为的难点并不一定是他要求的教学难点，而真正的教学难点，可能在讲课当中没有突出出来。

在这样的基础上参加教育实习，小韩感觉自己的状态和其他同学是不一样的："在这次实习当中重要的可能就不是体验一些新鲜的东西，而是实践我以前总结出的一些经验，等于说我已经有了一些可以付诸实践的东西，而他们还在体验，还总结不出来。像讲课，你讲一节到两节课，看不出什么太大的区别，你慢慢进入状态，真正讲想讲的东西，能稍微上一个档次，最起码要十多节课到二十节课以后，你才会有一些新的体验。因为之前我已经走到这一步了，所以讲起课来比其他实习生更得心应手一些。我可以讲出一些自己的东西，可以有一些更新颖的设计或者思路。"

虽然有这样的自信，但小韩并没有对实习教学掉以轻心："我去那儿工作第二天教案就备好了，等第二个礼拜才讲，中间可以巩固四五天。"待指导教师审阅之后，提出的主要意见是基础知识强调得不够。小韩对待指导教师意见的态度，一方面是毕竟是在人家这里实习，自己要谦虚些；同时，毕竟自己没有经验，所以教学思路尽量跟着指导老师的思路走。所以，他再设计教案的时候就按照这个思路，压缩了一下其他内容，多拿出一些时间来讲基础知识。另外，他设计的问题当中，指导教师认为有几个是不是难度过高，学生接受不了？但是小韩根据和学生相处以及听课的经验，觉得学生能接受。这个他就不再盲目跟着走了："我设计这个问题主要是从学生的角度来想，我认为他们有这个求知的欲望我才去设计东西，所以我设计出来的东西学生肯定想听。实际上完课之后，学生的反映也不错，只不过这个东西偏离他们主流教学的重点。"

(三)应试观

小韩喜欢研究考试，当学生的时候经常在大量做题之后，再对各种题型进行定量和定性的分析，"找找窍门"。这些经验使他形成了应试和兴趣的双重观点。他认为，初中语文教学应该是考试和兴趣培养并重，因为实际上学生的成绩还是首要的，语文作为主科，毕竟不能成为成绩落后的科目；与此同时，从语文学科的特点来说，从古至今那些系统的文学经典，乃至文化经典，三年的时间教不了多少，所以应该以培养学生主动学习的兴趣为主，让学生有兴趣去关注文学作品，哪怕只关注一点儿。文学是日常生活中离不开的，一旦对文学有兴趣，必然会串联起来历史、经济、社会、伦理等各方面的知识和信息，文化素养慢慢也就提高了；而且，兴趣培养对学生的人生理想、生活观念等各方面都会有影响。

对于应试和培养兴趣的关系，小韩不认同将二者统一的观点："是教学方面制定一个目标，应试方面制定一个目标，其实是达到两个目标。像现在，很多把两个做成一个目标，我教学的目标就是他们考试的目标。有的老师认为两个目标并成一个目标，这个可以达到最好的效果。实际上这两个目标最终达到的程度是不一样的，所以你强行把这两个目标合为一个的话，达不到最理想的效果。"

第三章 试讲课文的文本解读
对于教学的意义

对于中文师范专业的实习生来说,分配到试讲课文,标志着实习进入到实践教学的核心阶段。一般来说,实习生对课文不同的处理方式,影响着他们与指导教师的交流,影响着他们的教学设计和教学实施,还可能影响教学习惯的养成。进而言之,它还可能会影响语文阅读教学范式的改进,因为实习生是进入教师群体的新生力量,一方面,他们要接受中小学教师的身份,以基础教育语文学科范式对自身进行专业化的形塑;另一方面,他们在与专业范式对话的过程中,也以自身的职业生存和专业发展,推进语文教育教学的改进。

根据实习基地校的安排,这几位实习生此次试讲的课文,一篇是当代著名作家余秋雨的散文《信客》,讲述的是两代乡村邮递员,在辛苦穿梭于乡村和都市之间的工作过程中,屡屡遭受误解、委屈甚至伤害,最终无力承受的故事。另一篇是当代作家李森祥的散文《台阶》,描述了身为农民的"父亲"为了提高自身的社会地位,而以大半生的辛苦劳作建造有高台阶的房子的过程,从而折射当代中国农民的文化心志,以及作者对这种心志的体验和反思。

本研究涉及的几位实习生,在备课过程中对自己将试讲的教材篇目的处理方式各有不同:有的立刻上网查找相关的资料,有的先找指导教师询问应该怎么讲,有的是自己先阅读课文,有的是照着自己上中学时老师的讲法梳理课文的相关内容……通过分析资料可见,他们在备课时对试讲课文不同的解读方式,使得教学呈现出不同的效果;而在试讲后的访谈中,实习教师表达了一个很类似的体会,即认为在备课时好好研读课文,是课堂教学顺畅而有意义的基本保障。

那么,实习生对教材文本的解读与实施教学之间具体的联系是怎样的呢? 这是首先应该考察的问题。

一、解读深入、备课充分的情况

(一)两个"导入"

在《信客》的导入设计上,小燕和小魏两位老师用了同一个材料——一段"感动中国"活动拍摄的反映一位优秀邮递员事迹的视频。

小燕之所以要在这篇课文的教学中设计导入,首先是想让学生进入教学情境:"学这篇课文之前学生就能有一种思想的酝酿,然后带着这种情绪,再来学这篇文章。"再一个,则是教师也可以借助导入引导学生的思路,"让他们不容易跑偏"。为此,她在教学的起始阶段,先让学生观看了反映一位被评选为感动中国人物的邮递员事迹的视频,目的是先让学生对"信客"这个职业有一些感性的认识,待视频播放结束,她设计了一段导入语:"同学们,刚才我们看到的人物就是'2005 年感动中国'人物之一王顺友,今天我们也要学习一位王顺友式的人物,叫做'信客'。"之后便进入课文。

同样使用了这段视频作为导入的小魏老师,处理的方式和小燕有所不同:她在放映视频的同时,用课件打出了一系列数字:"20 年来每年投递报纸8000 多份,杂志 700 多份,邮件 1500 多份,包裹 600 多件,在雪域高原跋涉了26 万公里,相当于走了 21 趟两万五千里长征,绕地球赤道六圈,投递的准确率达到了 100%。"在此基础上,待视频播放结束,又找学生朗读了"感动中国"活动给予这位优秀人物的颁奖词。从实际的教学效果来看,全班同学先是被视频吸引,接着又被数字的冲击力震动,朗读过程中,读的同学语调抑扬顿挫,明显十分投入,其他聆听的同学也很认真,班里显得格外安静。

(二)比较分析

从小燕对教学设想的自述来看,她设计这段导入主要的目的,是想利用这个视频让学生了解一下"信客"的职业是做什么的。这反映出她的思路,是认为学生应该能够在视频和课文这二者之间建立联系。但是,这个联系想让学生获得什么呢?如果仅仅是让学生明白信客就是邮递员,那么花了将近10分钟时间似乎有点儿事倍功半;如果是想让学生体会这个工作有多么艰苦,那么,邮递员翻山越岭的画面,和课文中的"信客"所遭受的种种不合理待遇之间,似乎并没有直接的联系。所以说,并不是都讲的是邮递员的事儿,两个材料就可以放置在一起,还需要教师在更细微的层次,进行细致的处理。正因如此,小燕的指导教师在课后指导时,建议小燕这个视频可以不要:"因为视频是介绍别人的,但是课文写的是这个人,他们的关系不是很大。"而在已经实施了教学的情况下,对于指导教师的这个意见,当时她理解得不是很到位,认为播放视频的教学效果不佳,是因为技术问题,导致后面的很多同学可能都听不见。在观摩了小魏的课之后,小燕自己也觉得是"挺好的东西没用到位",用这个视频几乎没有起到什么作用,而且还会分散学生的注意力。小魏的导入处理好在,仅仅看了邮递员如何翻山越岭的视频,对于生活经验不多的初二学生来说,是难以感受其中的艰苦和不凡之处的,而且,这和课文所讲的"信客"之间也还缺少必要的联系环节,而加上了直观的数字,则更具震撼力。在此基础上再让学生朗读感动中国的颁奖词,学生的体会就会更深切,从而使得无论是对人物的理解,还是语感的锻炼,效率都会提高。

(三)讨论

通过设计导入来让学生进入教学文本所需的情境,这在语文教学中是常用的策略,但关键的问题是要找准导入内容和课文内容之间的联结点。要做到这一点,就需要教师既能够透彻地理解教学文本,又能够比较深入地把握学情和教学目标。从作为读者的教师和作为教师的读者相统一的视角来看，如果文本解读能够做得比较深入，同时对教学目标和学情也把握得比较具体，课堂教学才会呈现出具有建构性的对话状态。

深入解读教学文本最基本的特点，就是不仅仅停留在对文本表层内容的了解，比如能够顺畅地阅读全文，能够理清作者的基本思路，能够概括其主题，等等，而是在"言意之辨"的层次上加以分析、体验，看在这个文本当中，象、意、言统一得如何？有何特征？进而言之，言语的规则和运用者的个性发展、文化积累又是怎样有机地融合在一起的？到这个层面上去体会、解读，才是让阅读教学立定在语文规律上，同时，对于引导和帮助学生学习才会"左右逢其源"。

在此基础上，如果能够对教学任务也进行一些分析，就能够使得教学目标的设计在定位上趋向合理，在逻辑上也提高系统化程度。所谓对教学任务进行充分的分析，主要有三个层次的含义。首先，对教学任务的梳理，是从学段到年级、从年级到单元、从单元到单篇的，从而做到胸中有丘壑，这样，对一课书的教学就会有一个准确的定位；其次，是对教学任务当中的术语及其相互关系进行解读，比如，"三级目标"中的知识目标、能力目标、情感目标，究竟指的是什么？都包括哪些基本内容？它们之间的关系如何处理？最后，是将这些概念化、规则化的任务表述与具体的文本相结合，形成具体的教学目标。

就每一课的教学来说，把握学情的基本标准，一个是要了解教学对象的语文素养、语文能力基本上是在一个什么样的层次上？比如，是不仅能够自觉地与文本进行深度对话，而且还能够有的放矢地进行拓展学习，还是只会把字词、文学常识、分段、概括主题这样的程式套用到每一课书的学习上？再一个，是对这一课学生的兴趣和困惑在哪里？例如，据笔者多次调查，初中学生预习《背影》之后最想知道的一个问题是这样朴素的文字为何如此感人？但是多数语文课的效果是学生竖着耳朵等了一节课，老师也没告诉他们这个问题是怎么回事。而达到这样的标准的一个基本的办法，就是认真布置和了解学生的预习情况。

文本解读、目标设计、学情把握三个方面配合好了，课堂教学就会呈现出具有建构意义的对话状态，这从两位实习教师同一篇课文的"导入"设计即可见一斑。

二、解读深入但学情把握不足的情况

（一）"固定知识"的设计

实习学校安排小齐试讲的是散文《台阶》，是以身为农民的"父亲"花了大半生时间给自家房子造高台阶为主线，折射当代中国农民的文化心态，以及作者对这种心态的体验和反思。教学的核心要求是通过分析言行描写和塑造人物之间的内在联系，来体会人物的性格特点和文章的情感基调。

小齐首先自读了文章，得到的体会，一个是"觉得前后铺垫还有呼应、对比比较多"，"很多句子有很多的内涵"。再一个是觉得"父亲"这个形象比较复杂："它不像《信客》当中的人物那样，就是诚信、坚韧，他有积极的一面，但也有一定的负面的东西。"具体来说："父亲作为农民阶级的一份子，他付出了大半辈子的辛苦，为了建一个属于自己的新房和新台阶，有证明自己的，和要求自己地位提高的这么一种诉求，但是最后的结果是台阶建好了，但是父亲的身体也垮了。"再比如说："父亲在放鞭炮嘛，但是手不知道放在哪儿。他其实高兴，但是又不知道怎么高兴。他看到别人在看他，其实别人肯定也是羡慕的目光，不可能说，你们家那么穷，付出了那么多，才住上了高楼。他觉得别人在看他，他还想挺挺胸，他也想……但是背已经驼了，他也该高兴，却有点儿尴尬，其实还是不好意思。"

此时指导教师提出了具体的要求，和她的这些解读不一样："老师对我们的要求主要是十五分钟的生字词,训练一到两个能力点,不要扩展太多就可以了。然后我的思路一下子就局限住了。"

小齐走出这个"局限"的出路是"发现学生":

来这儿一个礼拜之后发现根本就不是那么回事儿。我想去给学生们讲那些拓展的,我想让他们明白这个内涵,然后再做拓展阅读,我发现他们连课文也还不能完全掌握,语感和语言材料还没有积累到一定程度,现在我们要做的就是把他们这些给打实了,尤其在初中。我发现中学生,尤其是我们班学生的水平,我就发现他们真的是需要一定积累才能够勃发的,所以我就想训练他们一到两个能力点,所以才想到从一个方法,用这篇文章去实施。因为我之前判作业的时候看学生划《背影》当中描写父亲背影的话划不准,或者划不全。对这个人物的刻画都有什么呢?像外貌、动作、心理,学生没有这个意识,我就觉得应该给他们确定一下。

结果在教学设计和实施当中,她有了一个创新点,就是做了一个"固定知识"的环节:

我会在导入之后,在分析父亲的形象之前,做一个"固定知识"的环节,讲一下到底人物刻画主要有哪些方法,包括正面描写、侧面描写,等等。就是想让学生先有一个标准,到文中找什么句子的意识,再让他们行动。

在课堂教学中她是这样落实的:

在分析父亲的形象特点之前,我们来复习一下小说是如何刻画人物形象的?总体来说,刻画人物形象主要用正面刻画和侧面烘托两种方式来做人物形象的刻画和描写,那么简单来说呢,就是外、语、动、心、神这五种正面刻画的方法;那侧面烘托,我给大家解释一下,侧面烘托可能同学不是很理解,就是用他人的评价,或者说用一些别的事物和人物来衬托我们要说明的人物的形象特点,给大家举一个例子,大家就可以很好地理解侧面烘托是一个什么样的情况。在《三国演义》中,写吕布对貂蝉一见钟情的时候,有一个情节,吕布在相府中喝酒,貂蝉来献舞,这个时候先是貂蝉的贴身丫鬟上来献舞,吕布刚要喝酒,酒杯就停在自己的嘴边,就注视着——人家姑娘长得美呀!作者就用了大量的篇幅来写这些姑娘跳舞,身段是多么的优美,杨柳细腰,五官长得多么的精致,多么的漂亮,眉毛眼睛写得都非常细致。这个时候,小姑娘退场了,貂蝉随着乐歌开始跳舞,这个时候作者没有花丝毫的笔墨来描写貂蝉的面容,而是这么写的:吕布本来停住的酒杯哐当一声就掉到了地上。所以说可以从侧面衬托出貂蝉要比丫鬟还要美上十倍、百倍,所以说这就是用外物,或者说用他人侧面衬托或烘托出要写的这个人物的特点。所以说大家在对接下来的三个部分的段落进行分析的时候,一定要注意找到文中正面刻画父亲人物形象和侧面烘托父亲人物形象的这些句子。……

应该说这是带有一定创新性的亮点,因为它可以被拿来作为语文教学研究的对象加以讨论。比如,在夏丏尊、叶圣陶两位语文教育大师20世纪30年代主编的《国文百八课》中,贯穿的就是这种以文章学知识为主线的编辑思路,但是到20世纪后期已有研究者对此有所超越:让学生依着某一类知识的概念序列来学语文,不如在研究和把握了学生读写能力发展的特点和线索的基础上,以学习者的发展规律安排学习内容。像世纪之交出台的人教版重点高中语文实验教材,从文言,到文学,再到文化来设计高中三年的阅读序列,便是在一定程度上摸出高中学生语文阅读序列的成果。

而实习生自己对此进行的反思是:

应该说之前没有找到语文怎么教的目标,现在我觉得,语文教学就是培养学生的能力点和语境、语感,把它们和文化、生活经验贯穿到教学中。过去我是就阅读讲阅读,现在想到底积累什么?学生的语感、语言环境和他的词语、他的情感和大脑反映的连接;整个的语感、语言素养的培养。对语文课该怎么上有自己的想法了,比如我现在对分析文本比较有热情,像理解内涵啊,语句分析啊以及怎么整体把握文本等等。

她能说出"连接",说明她已经触着了语文教学的"脉搏"——基础教育语文课,就是要让师生们挟着生活、挟着文化,来展开丰富的"对话"活动,作者和读者的,老师和学生的,主体和生活的;在这个过程中,学会关照着自己的心,也体谅别人的心;学会我手写我口、我口表我心。

(二)讨论

文本解读较为深入,而对教学目标和学情的认识相对抽象,课堂教学往往以讲授为主,而讲授会具有一定的启发性。

读者与文本及作者的对话越深入而广泛,读者所获得的个性化体验也就越丰富;而做教师的读者不断推进解读的深度和广度,更有特殊的意义——这是教学发挥对学生阅读学习的引导、启发、促进作用的基本保障。这里面的道理在于,从教学最基本的意义上说,教师只有在专业水平上高于学生,才能够真正担当教学的职责,即所谓"学高为师";进一步来看,在班级授课的前提下,几十个学生对于文本的理解各有不同,而读者与文本、作者之间的对话以及阅读能力的发展,又是具有一定规律的,教师推进文本解读的深度和广度,就能够促进学生的共同发展与教师的因材施教之间的有机统一。

但是,要使得教师文本解读的成果真正在教学中发挥效力,还需要深入了解学生的学情,实习教师在这方面往往缺乏经验。这种经验缺乏的情况,从主观上说,是由于没有实践,不知道对学生应该了解到什么程度;从客观条件来看,则是由于实习生的特殊身份使得实习教师在学校面临着一些与正式教师不同的处境,例如时间紧、任务多,作为教学对象的中小学生总有觉得实习教师不是老师的心态,造成实习教师难以深入细致地了解学生。在这种情况下,实习教师只是大致推断学情,获得一些对教学对象共性特点的认知,例如学生还不能详细区分描写的各种方法,又如学生还无法区分文学文本与真实生活的关系,等等。这样的认识往往是很抽象的,所以由此出发设计的教学目标和教学思路,也是一般化地解决问题的逻辑,比如为了让学生对描写方法有更明确的认识,就将各种方法的概念告知学生,每种概念下举若干例子;为了让学生区分文学与现实,要告诉学生文学创作是有虚构的,并举一些典型的例子,或进一步谈一谈其功能。然而,教学不是一个师生之间一交一受即可了事的过程,学生对教师所讲授内容理解了多少、怎样理解的,是各有不同的;特别是就中小学的语文学习而言,重要的不是了解各色概念和读写方法,而是通过在丰富的读写活动中积累语料、培养语感,体验生活的丰富内容,感悟人生的理想境界;反过来,又通过对生活的体验和感悟,提高表现和创造生活的母语素养。这样,教师的文本解读能力就是关键性的了——在解决教学对象的学习问题的过程中,教师用自己的积累和体悟诠释概念和方法的过程,对于学生是具有启发性和感召力的。

三、解读不足、教学经验充分的情况

(一)做填空题

在《台阶》的教学中,几位实习教师都在教学中设计了类似的练习题,即父亲是一个什么样的人,从哪里可以看出来?第一问是要求用一些概括性的词语,第二问是要求从原文中找证据。《台阶》是小魏试讲的第二篇课文,此时,她跟班里的学生已经挺熟的了,而且有了第一次课的经验,所以到这篇课文的设计就具有一些灵活性了,在梳理了全文的内容之后,她给学生出了一个填空题:"父亲是一个＿＿＿＿的人,因为＿＿＿＿。"教学实施当中,她让学生分小组讨论,之后全班交流。从效果来看,虽然学生在前一个空当中所填的定语各异,而且也都能够从课文中找到例证使前后两个空匹配起来,但是,这个活动中学生都是在一个层面上进行思维活动,即梳理课文中人物描写的细节,再冠上一个能够概括这一细节特点的形容词或短语。

课后,实习教师自嘲地将这种做法概括为"老师出题学生找,老师挖坑学生跳",感觉"很死""特没劲"。追索成因,大家都觉得还是为了应试:"学校对老师有要求嘛,你班一定要达到多少分,平均分之类的,不能不达到。"而实习教师并没有把责任归到应试教育就完事了,反思尚未止步:"如果你放开了不用这种方法去读的话,每个学生的想法都不一样,聚不到一起,这节课不是更讲不出东西了么?"一个实习教师这样反问之后,立刻有其他人想到:会不会还有更好的办法呢? 然而"除了这个模式,我们也不知道还有什么模式了"。到最后,实习生们觉得实习指导教师真是非常重要:"实习中指导老师特别重要,因为实习生自己还没有系统的思路,就得按照指导教师的方式讲。这样的话,指导教师有什么定式,实习生就会以为就那样一个定式。"

(二)分析讨论

如果文本解读比较表面化,而对教学目标和学情了解得比较深入,教学会有比较明显的训练倾向。

在中小学语文阅读教学中,无论是按照介绍作者和背景、梳理本课生字词、分段概括段意、重点词句分析、总结主题思想的程式教学,还是在简单化地理解多元建构等新名词的基础上让学生随意解读、胡乱比较,师生对教学文本的解读都是表面化的,缺乏与作品和作者真正的对话,甚至毋须对话。阅读教学活动既没有作者、也不见了读者,人文性就谈不上了,教学文本也就成为师生达到一定教学目标的工具。这种思路的典型表现,就是训练倾向的教学。

四、解读与教学准备均不足

(一)走程式的教学

在进入实习学校之前,小秦对实习的期待主要是发掘自己的优点,并弥补不足。她把实习称作一个"挖掘的机会",因为"也许自己身上有许多的潜质未被挖掘,或者说未被深入开采";另一方面,就是"发现自己的不足,在有限的实习时间里弥补不足、改正缺点"。为此,她在实习教学的过程中尽量按照要求去做,希望以自己的认真换取指导教师的点拨,通过努力来看还有什么欠缺。

分配她试讲的篇目是《台阶》,老师要求通过分析言行描写和塑造人物之间的内在联系,来体悟人物形象的意义。她备课时基本是按照传统语文教学规定的路数钻研教材的,即先自己读课文,看有什么不认识的字词,然后分析文章的思路,把文章重新划分为三个部分,建构了父亲造高台阶过程的分析框架,一个是父亲造台阶前做的准备、活动、心态;一个是造台阶的过程,再一个是台阶造好后父亲的身体状况、心态、反应。之后开始具体设计教学流程,先是导入,引出台阶,再由台阶引出父亲,他就是想改变地位,不甘人后,所以他造台阶前是有一个人生目标的;然后,看为了造台阶,父亲做了哪些准备,付出了哪些努力?什么搬砖瓦啊,编草鞋啊,等等。

从字词,到文章的思路,再到人物和思想感情,最后是写作方法,她心里都搞清楚了,课堂教学也得到了指导教师的认可,按说这样一个过程基本是皆大欢喜的,但是她自己很不开心,觉得"没学到东西,还不如去什么培训机构打工"。她在反思中自嘲地说:"现在的教学要么就是填塞,要么就是给学生挖坑:挖坑让学生跳,让学生猜谜,不停地引但正确答案不能说,其他什么都能说,最后让学生知道答案——这还不如填塞,因为需要费脑子再去加工一个过程。"

(二)分析

首先是因为,她按照这个流程教的时候,发现学生和她根本没有交流,比如,在课的起始阶段,她问了学生两个问题:本文是围绕什么来写的? 叙述了一件什么事?

究其原因,首先是这个四平八稳的教学过程,并不是发自她的真心。对于"父亲"的形象意义,其他一些实习教师都归结到中国农民的处境和谦卑性格,但是她不这样想,相反,她觉得父亲这一辈子还是值得的,因他有一个人生目标,而且最后通过奋斗实现了这个目标:"虽然若有所失,但最起码实现了。"还有就是儿子对父亲的想法。首先父亲有这个目标,勤勤恳恳、任劳任怨、埋头苦干把这个台阶造好了,这方面儿子是敬仰的;他用大半辈子去造这个台阶,造好后心理不适应,他不能适应这个……事实上是没改变的,儿子是心酸的。但是在教学设计和实施过程中,这些内容并没有体现出来,这就意味着,教学的思路和她内心的感受是有隔膜的,这种隔膜就会使得教师心手分离,从教师的心理需要来说,教学实践有成效,既是工作要求,也是实践者自己的心理需求,它可能是推进了学生的素质,促进了师生的交流,哪怕是帮助学生应试成功,教师都能够体验到工作的满足,但是,对于实习教师来说,以上的效能还都是不可见的,所以比如另一位实习教师小楚,上完课以后问学生听明白了吗,学生不但说听明白了,而且还鼓励她说"讲得挺好的",这就给予她极大的鼓舞,让她"更想当老师了"。而小秦找不到自己教学意义,不但这种挖坑式的过程耽误工夫,而且学生底下都有教参,其实自己并没有比教参多教学生什么东西。

由此可以说,文本解读的表面化,加上对教学目标和学情的了解不够深入,往往导致教学"满堂灌"。

从以上的分析来看,教师在解读教学文本时如果能够与文本进行真实的对话,使得解读不流于表面,那么就能够促使学生上课时真正动动脑筋,反之则不能保证教学的有效性。所以说,教师对教学文本的解读,是保证阅读教学有效性的必要条件。在此基础上,如果能够将文本解读与考察学情、理解任务有机结合,那么阅读教学就能够实现人文性与工具性的有机统一,语文教师也能够实现作为读者的教师和作为教师的读者的统一。

第四章　试讲课文教学思路的形成

对于中文师范专业的实习生来说,教育实习的主体内容是语文教学实习,即"通过钻研教材、设计教案、了解学生、备课、上课、布置与批改作业、课外辅导、检查与评定学生的学业成绩等工作的实际锻炼,加深对教学理论的理解和对教学工作的认识,增强热爱学生和教师职业的情感。"①所以,从观摩指导教师的教学,到围绕自己的试讲课文备课,最后上讲台授课,这个过程是整个教育实习当中实习生投入精力最多的。

一个很值得注意的现象是,最后这几位实习生设计的教案以及他们实地授课的过程(见附录),都给人大同小异的感觉。这说明,他们实际上基本都是按照相同的教学顺序备课、授课的。在外部特征上,都是先利用图片、音频、视频等辅助手段进行导入,紧接着介绍课文的作者和背景,其中《信客》的作者余秋雨的情况,是要求学生重点记忆的,所以相对来说比另一篇《台阶》的作者要介绍得详细一些;接着是以认读、听写等手段来进行字词教学,并通过教师告知文章的分段情况和段落大意,简单梳理课文的大概意思。之后是分析环节,几个实习教师在《信客》中设计的核心问题都是"年轻的信客为什么没有坚守一生",围绕这一问题展开对人物的分析;《台阶》则是以建造过程为线索展开分析。最后进行主题概括。

从内在的逻辑看也基本一致,首先是进入教学阶段,主要包括导入、背景介绍、字词教学。其次是文本分析阶段,都是先整体感知课文,以概括大意为

---

① 顾明远主编《教育大词典》(增订合编本)第 719 页,上海教育出版社 1997 年版。

考察整体把握情况的标准;之后进入具体分析,让学生找课文记叙的主要事件,从记叙的语句当中归纳出几个代表人物品格、个性的概念,最后是总结阶段,主要是概括中心思想,总结写作方法。

在具体的实施方式上,有两个实习教师在设计《信客》的导入时使用了同一段材料,即反映感动中国人物的一段视频;《台阶》在结束阶段亦有两个实习教师均采取了造句的办法。

为什么五六个老师设计的教学步骤如此雷同? 就所分配的试讲课文来说,实习教师的教学思路究竟是怎样形成的呢?

一、适应基本的教学顺序

根据实习生们的介绍,以"年轻信客为什么没有坚守一生"作为《信客》文本分析的主线,是指导教师提示给实习生的,所以大家就都以此作为教学的核心问题了。那么其他方面呢? 小韩在参加此次集体的教育实习之前,自己已经在另一所中学进行了一个学期的单独实习,当时是在初中一年级。据他说,现在初中语文教学的教案都是一个年级组统一备出一份教案,就是每个老师讲的基本是按照一个教案的大体框架来讲。如果他想讲更多的东西,他可以加进去一些。基本的逻辑是由大到小、从上到下,即每个类型的课文备课都有一个大体的思路。概括地说首先要把基础知识,还有这一章要突出的重点在你这个课里体现,然后是这节课要突出的重点要在课里体现,主要从上到下勾勒出这样一个框架来,由大到小。他觉得,这样做的好处是总体的教案概括性非常强,很多东西是他认为必须要讲到的重点;而且思路比较清楚,一般来说按这个教案讲学生会很明白;但是缺点是难点不是特别突出,每个教师自己认为的难点并不一定是这个共性设计当中要求的教学难点,所以真正的教学难点,可能在讲课当中没有突出出来。小燕的体会印证了这一点,她理解其实他们几个即使对同一篇课文设计的教学重点也是不一样的。那么,重点不同是不是就决定了教学的逻辑结构也应该是不一样的? 如此高度一致的教学过程,实际上是不可能实现重点不同的教学效果的。

这是否意味着,这个实习学校的情况和别的学校是一样的呢? 在课后的焦点群体访谈中,实习生们很老道地说:中学语文教学的惯性就是,如果写人就分析人物形象,如果叙事就分析过程,最后落中心、落主旨,全是这个,中学语文就是这要求。除了这个模式,我们也不知道还有什么模式了。其中有实习生特别强调:"我们就是学、现学。"从实习生们的口吻来看,他们对此并不以为然,那么,他们是怎样"现学"这个程序的呢?

二、内容选择殊途同归

首先,在教什么的问题上,从如何选择到选择什么,有的实习生是从自己解读课文的体会出发,有的则是模仿自己中学时代的语文学习经验,有的是争取在自己的想法和指导教师的要求之间找到一个平衡点,各自的心路历程大相径庭。

(一)碰撞

小齐和小魏对备课的感受是最深、最强烈的,因为她们的备课过程几乎就是自己的想法和教学要求之间的"碰撞"过程。

小齐备课之初对这篇文章的感受很复杂,她觉得文章中的"父亲"一生的付出和收获不成正比,虽然有自己的人生诉求,而且辛苦地证明了自己,但是奋斗了一辈子最终身体垮了,即使造出了有高台阶的新屋,也并不感到舒心,特别是他的地位没有得到真正的改变。所以整个文章的基调,她觉得是既悲伤又无奈,让她读来既觉得沉闷,又挺感动。但是,她觉得这个人物形象挺复杂的——"父亲"既有优秀的品格,也有她认为不是那么正面的性格,有两面性。换言之,她觉得这个人物不是那么"高大全"的,所以是不是不宜给初中学生展开分析? 而且,她也觉得有可能自己也分析不清楚,所以她本来不打算把人物分析作为自己教学的重点。与此同时,她在读课文的过程中感到,其中很多句子很有内涵,很触动她,特别是她发现文章中有不少地方时前后铺垫、照应的,所以她想把教学重点放在做对比和铺垫的分析。

但是指导教师的教学要求是分析人物形象,她又去看了教参,发现都是这样,一下子把她"局限住了"——她认为讲不了的恰恰是要求讲的,特别是,指导教师还要求用 15—20 分钟落实生字词:"我在想这 20 分钟怎么讲,还剩 20 分钟父亲形象刚分析出来,什么都没有讲呢就结束了,我怎么办? 这个课怎么上?"到最后她也没走出这个矛盾,只好模仿着教参和其他同学的教案对付了:"一方面觉得这个课挺好上的,就觉得任务很简单,一方面又觉得这个课没有什么自己的价值。但是后来折中了一下,而且老师目的就是为了让学生能够掌握生字词,就留一些预习作业,生字词用了 10 分钟,最后差不多 10 分钟,也还可以,也没有办法再好了。"这种"没价值"的失落感在她"发现很多老师都是套教参,大家都是在套教参"之后,变得更为复杂。

将适应教学要求视为理所当然,促使她给这些要求找到合理的解释,从而使自己能够顺应。所以无论如何最后她转过去了,而转过去的结果就是,用写了什么事儿带领学生找文章中的相关语句,然后分析这个句子或句群反映了人物的什么性格、品格,即思想内涵。换言之,这是她对于指导教师"分析人物形象"的要求的理解。而指导教师所说的分析人物,究竟是什么意思呢? 她的指导教师后来解释说:"就是你通过对这个人物的刻画,能够看出这是一个什么样的人,分析出人物的性格。这主要是通过对这个人物的各种描写,所以要教给学生方法,分析人物你应该从哪些地方入手? 一个是从对他的整体的概括呀,对事件的叙述,还有就是对人物刻画的这几种方法。"由此可见,指导教师所谓"分析人物形象",主要指的是文章的修辞、艺术手法等等,即怎么写的。指导教师是希望他们通过带领学生解读作者的写作手法,来理解人物,这与小齐自己想讲的铺垫、照应等特色,本质上是不矛盾的。她想抓住她下功夫最多的铺垫、对比作为教学重点,是有道理的:第一,教师应该教自己真正理解或感受到的东西;第二,由此切入,上可以推进到对人物和作品意义的理解,下可以联系上基础知识。

她们之间的误解,一方面是由于指导教师没有能够从实习生的实际出发提供到位的表述,另一方面,也反映出实习生缺乏足以理解指导教师的专业知识基础。进一步来说,如果实习生拥有更多的自主性(包括自主的外部条件和多尝试的主观愿望),能够与指导教师多沟通,多给自己一些尝试机会,也是可以改进的。

小魏的情况也很类似。按她自己的设计,是带领学生分析"父亲"的一生值得不值得。她希望学生说不值得,然后再分析原因以及改变的策略——这就完全跑到我们通常说的"庸俗社会学"的分析上去了。所以被指导教师给否定了。但是直到最后她也没明白是为什么,只是猜测,她这个分析是"深层次的",老师既怕学生接受不了,也怕她驾驭不住。最后也是模仿性地做出一个大众化的教案。

(二)顺应

相比之下,小燕和小秦的备课过程要顺利得多。其中的主要原因,是她们没有反思自己对文本的体验,直接就照着听课时得来的指导教师的教学程序来备课,即先扫清自己没把握的字词,把要教给学生的生字词的读音、字形、字意都安排好;然后根据教参和其他相关资料收集好关于作者和背景的知识,并分好段。《信客》的核心问题既然是年轻信客为什么没有坚守一生,就把这个作为引导学生分析课文的主线和目标,由浅入深地设计几个问题,最后能逻辑地推出这个问题的答案;《台阶》则是梳理造屋过程中的事件和人物言行,最后要落到"谦卑"这个概念上。

然而课上完之后，她们的自我感觉很差，戏称教学过程就是老师挖坑让学生跳。小秦甚至有点儿激动："我觉得有点儿像猜谜，你不停地引，就是这个正确答案你不能说出来，其他的什么都能说，到最后学生能知道答案就行。感觉更累了，还不如填塞（满堂灌）呢，老师更费力了！"

（三）平衡

小韩的教学设计虽然大致也是如此，但是他和其他几个实习生的情况都不一样，因为他此前已经在初一年级实习过一个学期了，虽然没得到讲课的机会，但是已经听了不少的课，而且备课和教案设计已经练习过多次，所以他觉得："我在这次实习当中可能就不是体验一些新鲜的东西，而是实践我以前总结出的一些经验，这当中差别就很大了。有可能你讲一节到两节课，看不出什么太大的区别，当你慢慢进入状态，真正讲想讲的，能稍微上一个档次，最起码要说出十多节课到二十节课以后，你才会有一些新的体验。"

而另一方面，毕竟他也是在实习，所以自从进入实习学校，他就强烈地感受到："就是一直挺被动的啊，感觉我们自己没干什么太多东西。一直在被实习学校牵着走，学校说你们该干什么我们就干什么。可能本来实习也就是这样的吧。毕竟实习一开始，你什么都不懂，他们会有一些规矩去安排你，什么顺序什么套路去工作，很被动，一直很被动。"

一方面是自己已经有一些教学经验了，而且有一点儿怎么讲课的自己的想法了，另一方面，自己又处在被牵着走的被动状态，应该怎么处理呢？他的办法是通过对话找到平衡点。

"对话"的前提，是把自己摆在初学者的位置上，以适应、学习为基本原则："从教学思路来说我尽量跟着大套的东西去走，你们说什么教学的东西，毕竟我没经验，这东西还是要更多地跟你们思路来走。"这样的心态使他能够发现指导教师的很多值得学习、借鉴的经验，比如，从指导教师身上，他理解了教师负责任的工作态度，不仅仅是勤奋刻苦，而是深入理解教学，根据学生的需要采取适宜的对策。

　　她不是一味地去留作业,她留作业是为了体现她的目标、意图,所以她必须要亲自来判这个作业,才能了解她这个意图到底体现到什么程度以及学生接受的情况。所以很多东西她不交给我们,我觉得这是负责,不像有的老师,虽然留作业也会体现一些意图,但是把作业都给我们实习生去判,那还怎么能体会到这种意图? 另外,她做一节公开课,前前后后弄了好多好多东西,而且公开课的时候,她也不光是考虑到这节是公开课,会对自己以后的发展有什么影响,很多东西还是以学生为基础,而不是一味让这些听课的老师满意就可以了。所以她把一些教学的重点突出得很明确,而且考虑到如果这节课讲不清楚,学生就会有一些知识上的盲点,所以把这些哪怕很琐碎的东西也弄得很细致,而不是考虑是公开课就光讲能显示她教学能力的东西。

　　而另一方面,小韩也力求保持自己的个性:"上课嘛毕竟我是教师,教学的主体还是学生,所以一切要以学生为根本出发点。一节课对于教师而言无论再怎么重要,还是要以学生为根本,不能以后面听课老师的好恶来设计教案,反而忽略了学生。这如果是那样,这节课就算别人听了觉得再成功,你自己和学生的感觉都不会很好。"他把这个原则落实到自己的试讲课文当中。他的指导教师也要求他多用一些时间来落实字词,对此他接受了:"第一节课我的指导老师说其他方面没什么太大问题,主要就是在基础知识方面可能用的时间不够多,初二基础知识还是要花更多的时间。她这么一说,我再设计教案的时候要是按照这个思路,就要压缩时间,一旦压缩时间等于其他的都要跟着改,可能要砍一些问题,多加一些基础知识。"而对于他设计的几个"拔高点",指导教师觉得学生接受不了,但是根据自己的经验,小韩觉得没问题,于是就没接受,而是按照自己的设计上了课:"讲拔高点的时候(学生)反应很好啊。我设计这个拔高的东西主要是从学生的角度来想,我认为他们有这个求知的欲望我才去设计这个东西。所以我设计出来的东西学生肯定想听,反映也不错。那我讲出来他还怎么说啊。"

　　即便小韩有时候"不听话",但是老师们还是挺喜欢他,因为课余他非常积极地和指导老师交流。用他自己的总结来说，就是他比较放得开，和指导老师什么都聊，反正岁数上都相差得不多，这样，不但能多了解很多信息，而且还和老师们交了朋友。经历了这样的过程之后，他对语文教师职业有了深入的体认："开始进入这个工作环境的时候，我有很多设想想去完成。等真正接触到学生以后，发现自己的有些设想比较偏离轨道。应该说工作以后在理想方面有很大的转变，因为以前是一个纯理想的东西，没有付诸任何实践，但是真正投入到这份工作以后感觉很多东西不能那么去做，所以慢慢的不能那么去想，更走向实际了。再一个是，真正投入工作以后感觉比以前更喜欢这个工作了。现在感觉更多的是对这个职业的理解，和自己应该付出的责任，想得更多的是责任。"而且，原以为自己当初那些理想化的设计就是创新，现在也有了更深入的看法。

教育就是要追求创新，不能太因循，但创新并不等于突破。首先你的创新还是要遵循一些规范，不能太快冲破这些条条框框，这也不行，只能是在力所能及的范围里吧。再者，很多东西可能你认为是创新的不一定就真是创新，比如我的思路在比我大 5 岁、10 岁的老师看来可能就想不到，或者可能接受不了，那么这些东西就不一定是创新，只能说是我的一个思路。每个人的想法都是不一样的，我想出的一些东西，他可能没见过，他就认为是新的，但实际上不一定完全是创新，只能说思维不太一样。

三、主观推演教学策略

从备课开始，实习教师心里就挂上了一层隐忧，这种感觉一直贯穿在他们从备课到授课的全过程当中，那就是学生会对自己的教学有什么反应？从基本的教学流程上说，他们不知道自己设计的教学思路是否能让学生学有所得,并且愿意接受?从具体的教学策略上说,他们更不知道万一学生有什么他们无法预料也无法应对的反应,他们该如何是好?一般意义上,这个问题的解决要依靠对相关专业知识的学习,比如教育心理学、教学法等以及教学实践经验的积累,但是从这几个实习教师的处理办法来看,他们基本是独自进行主观推演,最多就是依靠以己度人。

(一)"夯实"字词的做法

中学指导教师给这一组实习生的一个最重要的共性要求,就是要夯实课文中的字词,甚至可以把这个作为教学的主要内容,比如可以用 15 分钟左右的时间进行字词教学。这个要求需要进一步探讨的地方很多,比如为什么要这样做;什么叫做"夯实";几乎半节课的时间用来进行字词教学,那么有哪些教学策略可用等等。

但是,实习生们并没有就此和指导教师进行沟通、交流,而是自己暗自揣测。揣测的结果主要有两个,一个是初中学生还要抓基础,况且他们遇到的这批学生"挺次的"。再一个是他们是实习生,更深的东西指导教师怕他们讲不了,或者会讲乱了,所以用一节课的大部分时间讲字词,既不会出什么乱子,而且无论如何总能让学生这一节课不白费。

那么,指导教师们真的是这个意思吗?指导他们的沈老师挺年轻的,但是已经取得了很好的教学成绩,实习生们也很佩服她,觉得无论她负责任的态度,还是饱满的教学热情以及有的放矢的教学方法,都值得自己学习。而谈起教字词的问题,沈老师回忆起自己初登讲台时候的情形。

您就比如说啊,我刚开始工作的时候有个师父,特别有经验的一个老教师,他不讲课,只听我们讲课。我印象特别深刻的就是关于教字词。您想,大学出来可能觉得这个字词太普通了,孩子课下都应该解决了,但实际上不是这样的。当时我师父就跟我说,你应该先带着孩子划字词,上课得给他背字词的时间,然后你再讲课文。当时虽然我听了,但是这人的习惯的改变肯定是一个漫长的过程,然后接着第二节课,我还是按照以前的方法上来就讲课文内容了,然后师父肯定就不高兴了,就批评我了。这个给予我的内心的触动真是挺大的,接下来我肯定就要寻找改进的方法。我觉得自己就是经历着这样一个别人给你提意见,自己逐渐改正之前的不足,然后逐渐明了的过程。

由此来看,夯实字词至少是这个学校初中语文教学的传统。那么,怎样算是"夯实"呢? 实习生们的做法是,把这篇课文当中学生需要掌握的字词集中起来,先通过逐个地朗读来矫正读音,再利用听写纠正字形。由此可见,他们理解的"夯实",在内容上主要指的是让学生会读、会写,在方法上就是能正确朗读、正确书写。然而问题在于:这样草草地读一遍、写一遍,学生们就能记住了么? 能一直到中考、高考前都不出错了么? 显然不行。可能不少语文教师会认为,语文学习就是要反复,然而,反复也有机械学习和有意义学习之分。比如说,像《三字经》这一类的集中识字教材,即使全部内容都是要求学生习得的字词,也要按照意义、音韵编排,从而让学生在一定的语境中记忆,并且借助强烈的语感来激发兴趣。所以实习教师们这样处理字词教学的实际效果,也就是在形式上完成了指导教师的要求。

(二)设计导入的意义

按照赫尔巴特"五段教学法"的本意,开始新课之前,教师要对学习新课所需的前提性知识和技能进行测试或者提示,以便学生能够调动自己的储备,更有效地掌握新的学习内容。源于对学生的基础、需要、兴趣的重视,杜威也很强调学习的前提条件,认为应该先了解学生实际存在的问题,再有的放矢地展开教学。

中小学语文学科的教学(特别是阅读教学),根据这些原理和经验设置了"导入"这个环节,并且随着不断总结实践经验,进行了本土化的改进,那就是,由于越来越认识到民族文化传统对于汉语文习得有重要的影响作用,所以阅读教学的"导入"环节,越来越偏重于营造与所学文本相应的审美意境和艺术氛围。然而,反思这一趋势就会发现,老师们的兴趣日益地跑到如何利用声、光、电的现代手段把这个氛围制造得好看上去了,几乎忘了"导入"的本意在于唤起学生的有效学习。但是,设计创设意境的导入是很费时费力的,所以老师们往往在比较正式的课程教学中才着力设计,比如公开课、考核性的课,平日一般就不把时间花在这上头了,省出时间多讲点儿对落实知识、对考试更有用的东西。

实习生的试讲算是很正式的课了,因为这是最后评定实习成绩的一项主要指标。那么,实习生们的导入设计情形如何呢?《信客》这篇文章,小燕老师用了一段表现优秀邮递员艰苦工作的视频来导入,因为她觉得:"我现在直接就说字词什么的太生硬了,而且不加一个导入的话,学生就觉得特没意思。我就想加入这么一个,让他们能够有一些感想,学这篇课文之前就有一种思想的酝酿,带着这种情绪再来学这篇文章,我感觉就是,嗯,我带也好带,他们的思路也不容易跑偏。"实质上,她是用这段视频为教学确定了基调,即对这样一个艰苦而平凡的职业的体验和赞颂,她的意图是学生不要"跑偏"。但如果是这样,其实放完视频再让学生读一遍课文就能完成目标了,事实上,上完课她自己也发现,既定的教学目标上课以后10分钟就完成了,而整个一堂课上下来,她觉得自己并没有教给学生什么东西,因为学生手里都有教参。

《台阶》的导入,几个实习生事先颇研究了一番。最早的他们想到了故宫的台阶,宏伟、高大,也体现了崇高的地位,但是,和这篇课文又有什么联系呢?所以到后来,小魏老师换了一个思路:"那个台阶很普通嘛,我想从台阶普通,但是作者为什么要写一个台阶,为什么要写这么普通的东西,然后引起他们的兴趣。我是这么想的,(迟疑)也不知道学生反应怎么样?就是想从身边简单的东西引出来,就是想做一个导入。"说到最后两个字,她不但刻意放慢了语速,一个字一个字地说出来,而且加重了语调,但是没有进一步解释,意思是"这样说你明白的"。明白什么呢?我理解她想强调的是,她的这个导入就是字面上的意思,仅仅是把学生引入课文用的。

实际在课堂上她的导入语是:"今天我们来讲《台阶》。台阶在我们的生活中经常会遇到对不对?我们一天上下台阶都要数不清了。这么一个普通得不能再普通的东西,为什么作者要写? 如果你读过课文的话你一定会知道。这个问题我们先放在这里,大家先不要说了,我们现在检查一下大家昨天对字词的预习情况。检查的方法就是,听写! 在听写之前,我带大家快速地浏览一下。"为什么问了问题立刻又不让学生说了呢? 一种可能是她想先听写完字词,大家浏览一遍课文再说,那为什么不到那个时候再问呢? 再一种可能是,她一直担心,不知道学生会有什么反应,所以带过去就是了。直到下课,她也再没有呼应自己在导入中提的问题。

(三)教师分段为省时

很多年来,给课文分段是中学阅读教学的"重头戏"。在这个环节当中,老师因为掌握着正确答案而成为绝对的统帅,学生因为总也猜不对答案而倍感压力。但是,究竟中学阅读教学中为什么总要给一篇课文分段? 为什么到了大学中文系再学作品的时候,就终于可以不分段了? 好像一直也没有一个明确的说法。此次课程改革以后,一线老师们逐渐发现:"分段不流行了!"所以渐渐地,着力在课堂上干这件事的老师少了。

这几位实习教师在教《信客》和《台阶》的时候,共同的做法是由教师直接把段落的划分情况和大意告知学生。首先,这是因为这两篇文章都挺长的,直接分析怕学生掌握不住。所以像小燕、小齐在告知学生这篇课文的段落划分结果之后,都强调了一句:对这篇文章的脉络大家了解了吧? 所以说,给课文分段,是梳理、掌握文章脉络和作者思路的辅助手段。但是,把分段结果告诉学生,再问一句"了解了吧",是否就能够让学生把握到文章的脉络和思路呢?

之所以由教师告知,而不再像他们的师长辈那样让学生猜,是因为考虑到如果让学生分段,你说一种他说一种,还得分析讨论,就会浪费很多时间。不如直接告诉他们,很快就可以进入分析了。

(四)发掘微言大义

在教学的主体部分,即分析人物形象的阶段,大致的思路是回到原文,找文章都写了什么事情；通过朗读、分析叙述、描写这些事情的原话，来分析其中表现了人物什么样的个性和品格；最终完成的标准，是归纳出一个或几个概念，比如《台阶》就要归结到"谦卑"上，《信客》没有这么统一，但是也要说出诸如宽容、善良等等。

按照实习生们的说法，这就是现在语文阅读教学的普遍模式。而指导教师却认为，这是他们不成熟的表现："这里边他还怕什么，他一引导学生再走偏了，然后他拽不回来，所以他从头到尾特别想按照，完全按照他的思路去把这节课讲完就完了。"但是，老师们对实习生的这种做法很理解，因为这个矛盾即使是成熟的教师也要面对："其实我觉得这很正常。就包括说我们现在平时讲课倒无所谓，您说一到做课，你必须在这40分钟达成你的目标，然后还有评价，那这个时间段极有可能就有那种特别个别的孩子，他思维特别发散的那种，他就会把你这个问题直接给引到你根本不想要的，那个时候你又担心你说不回来，肯定就，第一个可能说就不叫他说了，或者说你根本不去顾及他说什么，所以又直接朝着自己的方向走。我觉得这个挺正常的一件事。"

那么，成熟教师和实习教师的差别到底在哪里呢？按照指导教师的解释："其实就是，主要还是让学生明白整个这个思维的过程，让他知道写这件事或者是对这个人进行描写的用意是什么？他不是光为了描写而描写，他一定是要突出某种东西的。不管是性格也好，或者是他的某种追求也好，他是不仅仅停留在表面层次的。教学的目的是让学生掌握这个方法，能通过在课堂学了之后，自己再去分析有章可循，是这个意图。"这是不是意味着，其实都是让学生按照这个模式走，只不过高明的老师要让学生走得更心甘情愿一些呢？

四、教学反思获得经验

课后,实习生们纷纷针对自己的教学进行了反思,从反思效果来看,它使得实习教师们无论实践效果好坏都获得了宝贵的经验。

(一)找到了语文自己的教学目标

经过反思,小齐觉得这次从备课到讲课的实践过程收获很大,因为她"找到了语文自己的目标"。

如上文所描述的,小齐备课中出现的解读感受和教学要求之间的矛盾,她到课堂教学结束也未能完全解决。而通过观摩其他同学的教学以及不断地反思,她终于发现,此次实习前自己对阅读教学的认识有问题。过去无论是做家教也好,还是短期的支教活动也好,她进行阅读指导,就是把课文串讲下来,自己体会到什么讲什么:"我觉得就应该是,这个文章读完了之后,你感觉到了什么、看出了什么、读出了什么,文章就应该这么讲。"而这种读后感式的串讲经验到此次需要正式进行教学设计的时候,不但用不上,而且有掣肘之嫌,"我现在很大的问题也在于此:一篇课文让我讲,我想讲什么呢? 我不知道这一篇文章要讲什么。让我设计教案,我也不知道该怎么设计。比如说一篇新课文让我来讲,我讲什么呀? 我觉得挺明白的东西,就分析分析讲一讲就可以了,所以让我说读后感,围绕这篇文章说这说那都可以,但是讲课就不知道怎么讲,我也不知道为什么。而且我特别头痛写教案,我觉得一篇文章就是一个文本,一个文本我读完之后,我怎么讲,我要分析这个课文怎么分析,就不知道了。"

而现在终于发现,问题的关键在于缺乏"教学目标"的概念。此前,她觉得对文本的内涵呀、艺术呀等等各方面的理解,就应该是读完文章顺其自然掌握的东西,现在才发现,原来这些都是要设计成教学目标的。为什么呢?通过这几周和初二学生在一起摸爬滚打,发现原来学生靠自读是真的读不懂,所以要把这些设定为教学任务,靠老师的引导和训练,使他们形成语感,培养他们的语文素养。在这当中,原来"能力目标是要求师生围绕一个能力点进行训练",而把握文本表达的思想感情,是"情感、态度和价值观方面的基本目标"……

一旦明白了教学是一个在特定目标提挈下的系统化过程;一旦明白阅读教学就是要根据学生的实际确定应该达到的水平,并助其实现目标,就使得她对语文教学的认识实现了一次飞跃:"我现在发现,应该注重学生的语言运用,还有语感的积累。其实说白了就是意、象、言这三者之间的互动,所谓'立象以尽言,立言以尽意'。但是往往言不尽意,作者想表达的东西,写到文字里,表面上是表达不出来的,就是得分析这个作者所要表达的情感到底是什么?因为言和意之间是有差异的,我们通过文字来分析情感,而这种情感是具有普遍性的,它源于阅历和思想,这样,文本读得多了,可以达到这样一种境界,即你看到别的文章也能联想到学过的,从而成为可以互相交换的普遍经验。"所以她很肯定地说:"在这四个星期,我找到了语文教学的自己的目标,就是在于怎么样培养学生的能力点,和培养学生的语境、语感,把这种语境语感和中国文化的基础和生活经验作为语言经验贯穿到教学中。"

(二)最想知道教师的思路

小魏在课后接受访谈时,十分强调学习教学思路的重要性。进入实习之初,她就有这样的想法:既然自己还没有形成系统性的教学思路,那么跟着一个老师,主要是学习他的讲课方式。所以,在观摩指导教师的授课过程中,她特别关注老师的授课思路。到实习结束被问及实习体会时,她仍然觉得"现在最需要的东西,就是怎么讲课,讲课的思路,然后怎么处理跟学生之间的关系"。当被问到,如果你将来当了实习指导教师,最想教给实习生的是什么?她说:"告诉他我备课的时候是什么样的思路,给他讲清楚了,我是从哪儿想到哪儿的。"之所以到实习结束她仍然对于教学思路的观摩学习不满意,是因为当她把实习学到的教学思路用到求职试讲的时候遭遇了失败:"他讲课那个定式,我听了,备课的时候他也是那么告诉我的,第一步干什么,接着干什么,我以为就是那样一个定式。我就按照那一节课来备课,去另外一个学校试讲,人家就说不行。"由此可见,她把教学思路理解成了一个可以放之四海皆准的程式,但是却受到来自实践的质疑。从她进行教学设计和实施的过程来看,这主要是由于她对于自己指导教师示范的教学思路的接受,一直是知其然而不知其所以然。

在备课的时候,她设计的教学思路就和指导教师的要求大异其趣。一开始备课,小魏就先反复阅读了文本,通过这一番阅读,她对这个文本形成了一些感受。

首先在我心里,作为读者和作为教师读这个文章是不一样的。作为读者我读的时候首先父亲嫌他家台阶低就是嫌他家地位低,所以一直在奋斗,做了一个高台阶,好不容易做好了可是他却不敢坐,这个深层次的原因就是中国传统农民长期的自卑,还有一些奴性吧?还有深层次的,什么生产力跟不上社会时代的发展,而且还有乡村特别闭塞,导致他,归根结蒂我觉得还是自卑。我觉得应该是从根本上改变他的发展方式。我看过作者说的一段话,说他写这个文章的目的一个是赞扬父亲的勤劳,然后就是对他的那种谦卑表示一种惋惜,也透着让他奋斗,但是好像没有那么浓,一直都是惋惜。他赞扬父亲的勤劳,一些品格,他又觉得农民的那种谦卑又不太适合在当下社会发展。他过于老实、厚道,而他不适合现在的这个(社会),他应该去转变他的思路,不要一天到晚地在那儿捡砖捡瓦的,那么一步一步地,应该创新,这种创新就是不用奋斗一辈子才盖一个高台阶。到最后,他人也老了,身体也垮了,最后也不敢坐,就是什么都没落着,就是特别不值得。

我自己的设想是,先让他们说:父亲为什么在三级青石板上抱怨?就是在低台阶上抱怨。因为他总是嫌他的地位低,父亲为此付出了大半辈子的,一年到头在忙活,好不容易盖好了,结果盖好了他不敢坐了,然后我会问学生为什么不敢坐,学生应该会得出父亲的性格有一个谦卑的性格。然后,得出这个性格之后,我就让他们总看,这两点我还没想好怎么衔接？然后总看,我就说:你觉得父亲这一辈子值吗？学生一定会说不值的。就是他奋斗了半天之后,到最后反而没地儿坐了,然后就问为什么不值？为什么父亲不敢坐了？一般学生会答出因为父亲觉得他不配,不配坐在高台阶上。那么,父亲觉得他不配,他地位低,那么他到底是一个什么样的地位？学生会说他是山沟里的一个农民。他是山沟里的一个农民,同时也是中国千百万个农民中的一员,然后总体地引到千百万个农民,他们靠劳动争取幸福,可是最后却没有任何改变,那么要问为什么？拿前面的谦卑再引一下,就得出怎么样,问他们想不想提高,怎么样提高,这样……我已经引导出来了,本来要把它列出来,把他父亲之前的情况,然后他的奋斗,之后反而不敢坐了,列出来,我是想问一下,引导学生说:这样值吗？学生就会回答值或者不值。然后我说:值,值在哪儿？不值,不值在哪儿？然后就会一步一步引导出来中国农民的那种努力争取,到最后却没有提高,它深层次的原因。

但是这个思路没有得到指导教师的认可。按说她应该就此和指导教师交流一下,起码对于自己的设计为什么有问题应该做到心里有数。而她没有和老师进行深入的沟通,只是自己猜测:"让我们老师一看,她可能觉得可行性不太强吧？"在她看来,这个"可行性"一个指的是这个班的实际情况就是语文挺次的,分析不到这儿去;再一个就是她是实习生,老师怕她根本没能力驾驭,越讲越乱。最后,她是在没搞明白原因的情况下向教学要求妥协了。

然而,指导老师的意思真的只是因为觉得实习生驾驭不了深层次的内容,所以才让他们在浅层次上授课吗？从对两位负责指导实习生的语文老师的访谈来看,答案是否定的。

底线最起码得思路清晰,拿教参为准,确定重难点,把重难点讲到,让人家这一节课知道你要干什么。这是最基本的。

指导教师所说的"思路清晰"的这个"思路",按照老师自己的解释,是指的"你通过对这个人物的刻画,能够看出这是一个什么样的人,分析出人物的性格,通过对这个人物的各种描写,所以说这是必须的。主要还是让学生明白整个这个思维的过程,让他知道写这件事或者是对这个人进行这块儿的描写他的用意是什么? 他不是光为了描写而描写,他一定是要突出某种东西的对吧? 不管是性格也好,或者是他的某种追求也好,他是不仅仅停留在表面层次的。目的是让他掌握方法,能通过这个课堂他学了之后自己再去分析的时候他能够有章可循,这个意图"。而指导教师也希望实习教师能够讲出点儿特色,那么,小魏自己对这个课文的解读和设计为什么不合适呢? 显然,特色也好,风格也好,是不能脱离基本的教学思路的,而根据老师的解释,思路的重点是带领学生辨析文本当中的"言"与"意"的关系,看在处理这一对关系的过程中,这一个文本有什么特点、经验。而小魏自己最早设计的思路,则是完全跑到作品"意"这个层面上了——而 20 世纪初开始出现的庸俗社会学的批评方法,即机械地、单向度地、纯粹以政治甚至经济的标准来进行文学批评,简单地将文学与社会现象加以类比。

那么,是否掌握了基本的教学路数问题就简单了呢? 小魏认为,在这个问题上小秦和小韩解决得比自己好。小秦是先解决自己没把握的生字词,然后自己给课文分了段;在此基础上,梳理文本都写了些什么事儿,再把教参对人物形象定性化的概括,和这些事件联系起来,并指导学生一点儿描写的方法。整个的教学设计和实施过程,用她自己的话说,基本是按照当年自己上中学的时候语文老师怎么教自己的,现在自己就怎么干。

小韩在参加此次学校组织的教育实习之前,已经在另外一所中学的初一年级独自实习了一个学期,虽然没上讲台讲过课,但是已经做过不少教学设计。这次实习当中,无论是同学还是指导老师都觉得小韩在教学设计和实施过程中显得比较成熟。问他有什么经验,他说:"中学语文教学的惯性就是:如果写人就分析人物形象,如果叙事分析过程。无论写人还是叙事都要有个中心,它要反映他思想的一个问题,他到底想什么问题,要表达什么,再落中心、落主旨,全是这个,中学语文就是这要求。"

而指导教师的期望不止于此:"稍微层次高一点儿的就是能够有自己对教材的认识和理解,能够把这个教材深入地挖掘一下,讲出点儿自己的风格,哪怕一节课有一个亮点就行。"

第五章 学生的课堂反应对于实习教师的意义

实习生对课堂教学中师生关系的处理,基本上是老师带着学生走;而另一方面,在社会文化环境的熏陶,以及专业学习的影响下,他们已经知道教学是应该尊重学生的主体性的。无论对这个原则具体怎么理解、怎么认识,既要让学生跟着走,又希望学生心甘情愿、对答如流,往往是教师的期待。于是,怎样取得这两个方面的平衡,就成为实习教师最主要的关注点。这是一种动态的平衡,往往在实践中会出现要么偏向揠苗助长、要么倾向放任自流的问题,找到这里的平衡点并不容易。而教师对学生课堂表现的反应,以及对教学策略的选择,会促使他们展开新的教学反思,所以这个过程会影响实习教师对语文课堂教学的理解和认识。那么,学生的课堂表现和教师的应对策略之间的相互影响具体是如何关联的呢? 学生的课堂表现对于实习教师而言有何意义呢? 这是需要深入探究的。

一、教学思路

从几位实习生的反馈来看,一方面,经过试讲之后他们建立了基本的自信;而另一方面,又幽默地把学到的阅读教学经验称为"老师出题学生找(答案),老师挖坑学生跳"。所谓"老师出题学生找",按照小燕、小魏等几个实

117

习生的说法就是:"先凿实字词,然后就问几个特简单的问题,让学生了解一下文章什么意思,然后再问几个深的。就跟阅读题似的,出一道题,让学生在课文里找答案。"而"老师挖坑学生跳"则是对这种模式的体验。那么,这究竟是个什么样的情形呢?

(一)夯实字词是首要的

三位指导教师在指导实习生备课的过程中都很强调落实字词,每一个实习生得到的指示,都是一定要夯实字词,其他是次要的。但这是为什么呢?实习生们没去问指导老师,而是凭自己揣度猜测,于是就有了各种想法。有的觉得,恐怕是初二的语文教学还是应该注重基础知识;有的则认为:"老师要求一节课落实一个点儿,怕我们贪多嚼不烂","还有一个原因是他就觉得,我们只要把生字词落实了就行了。这节课让学生坐在那儿四十分钟,不会因为我们讲得乱七八糟而一点儿收获都没有,至少把生字词落实了,我觉得老师就是这个想法,对实习生来说。"

这个想法就比较复杂了——它似乎反映了这样一种心态:不是完全信服,又不得不妥协,所以只好自我说服。而这样的结果是,既不敢拿出不一样的思路来证明自己,又没有真正搞清楚怎么才算"夯实"。所以落实到教学中,实习教师们都在课的起始阶段安排了10几分钟的字词练习,练习的内容主要有两步,第一步是用课件把生字生词打出来,让学生逐一朗读以订正读音;第二步是听写。然而,有些字难在字形,有些字关键是矫正读音,有些字要求学生搞清含义,而字词的含义有多重,需要根据语境灵活运用,所以字词教学一直有个传统叫"字不离词,词不离句,句不离篇"。像几位实习生处理的这样读一遍写一遍的做法,功效究竟如何是难以预知的。

(二)文本分析重在写了什么

自从课程改革以后,不少一线老师感到,过去阅读教学的传统做法,比如分段、概括段意的做法好像不流行了,所以现在的阅读教学一般不让学生分段、概括段意了,而是老师直接告诉学生这篇文章一共分几个部分,各部分的大意是什么。然后把重点工作放在具体文辞的分析上。事实上，这是一个统一共性与个性的问题。就共性方面来说，中学语文阅读教学中，通过带领学生分段对学习文本的结构进行梳理，目的主要有两个，一个是在中学生把握文本能力不足的情况下，划分段落便于学生把握一些篇幅较长，或结构相对复杂的文本；再一个是在这个过程中，通过分析文本思路，可以锻炼学生的思维力。由此可见，要不要给文章分段，要视篇目特点和学生情况而定，这是个性的方面。

实习教师们的做法，也是先告知学生全文的段落划分和各段大意，然后再提出重点问题。

《台阶》重点是通过分析父亲在建造台阶过程中的行为以及台阶造好后的心态，来把握这个人物形象的特点，在这当中，让学生复习一下学过的描写方法。《信客》的重点亦然，但是老师提示了学生，可以用"年轻信客为什么没能坚守一生"作为贯串全部分析的主线。

于是，整个教学过程中用时最多的环节，就是让学生到原文里找主要人物做了什么。但是，这个环节的教学，其意义何在呢？显然是需要进一步反思的。

（三）概括形象落实到词（儿）

对这两篇散文的分析，最终都要落实到把握人物形象上。那么，怎么算把握住人物形象了呢？《台阶》有一个比较清楚的指标，那就是"父亲"的性格要落在"谦卑"上。小齐备课的时候就很认真地推演过自己的教学逻辑，直至保证最后能落在"谦卑"这个词，她才放心了。小燕上课的时候，学生很容易地就把"谦卑"说出来了，她起初很诧异，后来发现是因为学生手里有教参。小魏到打下课铃还没有把这个词推出来，就只好自己匆匆地总结几句，告诉学生要落在这个词上……

《信客》的教学没有这样的指标，于是老师就让学生自由概括，结果像善良、宽容、有责任感、重感情、有为人民服务的意识、伟大，等等概括不一而足。

二、学生的"配合"情况

实习教师常常习惯地把学生上课时的反应称为"配合",比如:这个设计能不能顺利完成要看学生配合不配合,三班的学生不如四班的学生配合,等等。那么,学生的"配合"情况具体有哪些呢?

(一)对答

通过观察实习生的阅读教学来看,实习教师授课学生能对答如流的情况,归纳起来大致有三种:即问即答、小组讨论、引导对话。

首先,学生课前并没有仔细预习,有的是课前看了一遍课文,有的是上课以后用很短时间看的。在这个基础上,即问即答多发生在老师问一些基本事实性的问题的时候,例如在《信客》教学的初始阶段,教师问文章写了几个信客,学生立刻能答出"两个";教师问重点写的哪一个,学生马上答"年轻的";教师问年轻信客是否一开始就愿意当信客,学生立刻说"不愿意";教师问年轻信客最后是否为这个职业坚守了一生,学生当即说"没有"。

再一种情况是老师安排小组讨论的环节。小燕老师、小魏老师都安排了"这个年轻的信客为什么没有坚守一生"的问题,并且让学生前后左右四人为一组,进行小组讨论,讨论后各小组汇报,并进行全班交流。学生接到这一指令后即展开讨论,教师不时督促参与不够积极的同学,或者回答有的小组提的问题,比如有的小组在有些地方争执不下,老师就略做启发。无论是外部行为上,还是逻辑上,这都是一个比较顺畅的教学环节。这当中最主要的原因,是教学过程以学生的对话实践为主。这段活动当中,既有学生与课文的对话,也有同学之间的对话,还有学生与老师的对话;教师则相机引导。我们说,语文教学的本质意义,就在于高效地锻炼受教育者的母语运用能力,最好的途径便是主体亲身进行语文实践。在不同主体的对话中,学生不仅积累了语料,涵养了语感,而且拓展了生活视野,感受了思想的多元性,获得了丰富的审美体验……从而综合性地提高了语文素养。进一步来说,与那些把课堂小组讨论搞得徒具其表的情况相比,这个环节得以成功还有几个条件,一个是这个主导的问题具有吸引力——学生一读即知年轻信客没有在这个职业上坚守一生,但是为什么呢? 这就需要仔细阅读文字,分析体会细节;而通过分析,学生又是可以找到答案的。再一个是学生能够无误地理解和实践教师的意图,从课堂情况来看,各小组普遍深入文本,分析文章的细节和话语。最后是教师有调控。无论是有的小组讨论进度缓慢也好,还是同学之间产生分歧也好,教师都能够从旁督促、点拨。经过这样一个过程,学生在这个活动中收获的既有思考、分析问题的训练,也有对话习惯的培养,还有合作精神的锻炼。

第三种师生良性互动的情况,是教师较好地发挥了启发引导的作用。

T:好,你认为一个原因是"凶险",我可以这么说么? 这是书上的词对不对? (板书)还有吗?

S1:有一次他送信给一个同乡。因为那个人发财了,在城里又找了一个,为了哄那个女孩儿,就把信客给,把他给……

T:把他给怎么样? 打了他对不对?

S2:(有学生小声说)那不就是凶险吗?

T:啊,这同学说,那不就是凶险吗? 这是凶险吗?

S3:不是。

T:这样吧,我们问:你认为什么是凶险? 书中哪些事情体现出了凶险? (有学生小声说:"人心!"但是教师没有顾及。)书中什么事情表现出了他说的"这条路越来越凶险"? 来,这位同学!

……

小魏老师让学生分析年轻信客后来不做这个工作的原因,有同学提到文章中"这条路越来越凶险"的话,老师给予了肯定,然后接着问还有没有其他原因。S1 同学又从课文中找到一个事例,但 S2 同学不同意,觉得这只不过是"凶险"这个原因的另一个表现,而不是老师问的"其他原因"。面对这种情况,小魏老师没有让学生继续就这个分歧本身讨论,而是直接抓了解决问题的关键:"什么是凶险?"于是学生由此重新思考,梳理课文中的事件和细节。只不过在教师问什么是凶险的时候,有学生坐在座位上小声说了一句"人心",小魏没来得及理会,这是需要反思的——从这篇课文来说,这句"人心"恰恰触着了关键,值得玩味。

(二)发散

对于新手教师来说,由于课前对学生了解不够而让学生在课堂上思维跑到前面的情况也是常常出现的,小魏老师和小燕老师在试讲时就都遇到了这个情况。

T:开动你们的小脑筋,想一想,为什么他不做信客了?

S:还有就是"都市里的升沉荣辱,震颤着长期迟钝的农村神经系统,他是最敏感的神经末梢"。

T:做不了它们之间的纽带,所以说这个工作怎么样?他胜任不了做信客这个工作一直夹在农村和城市的冲撞之间,对不对?他的心灵怎么样?

S:脆弱。(笑)

T:他的心灵备受折磨,对不对?因为农村的人不了解城市,他是唯一的窗口,所以他的心灵……备受折磨,他的心灵很痛苦。(板书)还有吗?再找一找。我读一段话,大家看看是说的什么。看第 6 段(读课文)。说的什么?信客这个职业怎么样?

S:生活艰苦。

这仍然是小魏老师带领学生分析信客为什么没能坚守一生,在分析完"凶险"之后,学生又找到另一个原因,即工作的艰苦已经让信客身体垮了。接着,老师问还有没有别的原因?问这个问题本来的意思,是想让同学们找到信客生活也十分艰苦的部分,这样就把环境凶险、生活艰苦、身体垮了都分析出来了,最后归结到内心难以承受了。但是这时候有学生把信客是农村人中遭受都市震撼的直接承受者的话读出来了,这完全出乎小魏老师的预料,直到课后反思的时候,这个环节还是令她很激动:"一下人家就说出来了,弄得我就不知道怎么办好了,然后就一下子就乱了! 从这儿我就拐到他心灵痛苦那儿去了,其实那个是最后想深讲的。"

T:身体,对,他说的是身体。

S:然后还有,他想起老信客的结果,他不想像老信客那样被别人误解,然后……

T:他不想被老信客误解?

(学生七嘴八舌):被别人!

T:他不想被别人误解。同学们觉得他说的这个有道理么?

S:第 86 页。

T:好,大家看 86 页。

S:(读课文的相关语段)他送信被别人冤枉,他觉得现在做信客越来越凶险。

T:嗯,凶险。啊好好! 就是凶险! 刚才××同学说了身体,我们说身体什么?

(学生纷纷又举了一些具体情况)

在《信客》的教学中,小燕老师也带领学生分析了信客为什么没能坚守一生。在分析信客的身体垮了这一个环节的时候,本来小燕老师是想让学生再说说信客身体垮了的具体表现,但是回答问题的同学转到处境凶险上去了。他的第一句话是"他不想像老信客那样被别人误解",然后老师问大家他的说法是否有理,这时候 S1 同学为了证实自己的说法,就引用了课文里的原话。学生本想告诉老师,信客是因为不想被人误解、冤枉,所以不想再送信了——这是他不再做信客的一个重要原因,至于后面那句"他觉得现在做信客越来越凶险",有点儿附带着说的意思。但是因为老师对"凶险"这个词很敏感,所以在没有思想准备的情况下,小燕老师只好赶紧回到身体垮了的分析上。

(三)淡漠

还有的时候,学生不明白老师提的问题是什么意思,不知道该说什么,表现为课堂反应迟缓。这种情况在小秦老师、小齐老师的课上都出现了,特别是小齐老师感受十分强烈。

小齐试讲的是《台阶》。在整个的备课过程中,她真心地被这篇文章所感动:"虽然父亲造出了新台阶,但是地位却没有真正的改变。就有那么一种……让我觉得跟现代社会,我想到的有的人奋斗了一辈子,为了奋斗一套房子,可是真正把房贷还完了,也……就是现代社会人的这种艰辛,还有无奈。"于是,她在本课教学的结束阶段,滔滔不绝地跟学生宣讲了一番自己的体会和感动:"在别人心里他虽然住上了大房子,但是他本身的地位,他所拥有的财富,或者说他所拥有的别人尊重的地位,真正得到改变了么?大家看文章第 15 段。父亲每天上山砍柴,冬天砍了四个月的柴,每天得走破一双草鞋,他才得到多少钱?他的收入和他的付出成正比吗?所以这也表现了作者对父亲寄予的什么感情呀?对农民阶级的一种……同情!那对于这种现状,农民阶级辛辛苦苦一辈子,还没有我们大学生上班之后一天挣的多,也表达了作者所希望,对于这种现状……加以改变的……希望和期望吧?那我们来看一下作者的思想感情。"然后用 PPT 放映了一段总结性的话:"从凄楚、心酸中走来的父辈,可能他们的愿望、追求,在儿子的眼里不是耀眼、精彩的,但却是实实在在的。他们血管中流淌着的那份坚忍不拔、拼命硬干的生命因子,恰是撑托事业辉煌的砥柱。让我们从心底祈愿,造好了新屋、砌上了九级台阶的劳苦的父辈们能尽享这份收获和喜悦。感谢父亲!"

但是令她十分失望的是,学生只是毫无表情地看着她,等她说下课,马上活跃起来,根本没有受到任何的感染!

T:你看啊,这句话,第 9 自然段,你刚才读了,但他"日夜盼着、准备着要造一栋有高台阶的新屋"，父亲为什么要造一栋有高台阶的新屋？为什么？

　　S：因为……（嗫嚅着说不出来）

　　T：拿书看一下，为什么？接着往上看一下，有没有？文中有没有说明？为什么要造一座有高台阶的新屋呢？

　　这是小秦在《台阶》的授课中的一个片断。对于父亲为什么要造有高台阶的新屋，S同学吱唔着不知从何说起，老师给了一些指示，让他不要光看第9段，要再往上多看一点儿。但是在那样的情境，全班就自己站着，而且老师的第一步提问自己没答出来，这时候老师让往上多看，怎么可能做到？所以小秦只好又叫了一个学生来答这个问题。

三、实习教师的应对策略

　　从以上的分析来看，要想让学生对答如流，最好的办法就是教师自己进行智慧的、有效的引导；学生思维活动超前了对于教师而言是最尴尬的，学生思维跟不上也是很让老师着急的事。总之，无论学生的课堂反应如何，对于新手教师都是一种挑战。因此，实习教师们在尽量沿着既定的模式推进教学的过程中，还是尽量开动脑筋，想了各自不同的办法来取得教学效能。

　　《礼记·学记》是中国最早的教学论专著，它对师生关系有一段颇具启发性的总结："君子之教，喻也。道而弗牵，强而弗抑，开而弗达。道而弗牵则和，强而弗抑则易，开而弗达则思。和易以思，可谓善喻也。"意思是说，好的师生关系，老师是引着学生走而不是牵着学生走；是不断鼓励学生而不是靠惩罚强制；是启发学生自求得之，而不是代替学生完成过程，只让学生得着现成的知识。这样，不但教学易于成功，师生爱敬和乐，学生也会成为一个善思想、有思想的人。传统教育十分推崇这种境界，称其为"君子之教"，而这当中一言以蔽之的妙门在于以"喻"为教。从实习教师们自发创设的策略来看,基本上是遵循了这样的原则。

(一)规范修辞

T:咱们概括文章的时候,概括段落大意的时候,要抓住重点,而且最后要用概括性的词语总结,比如说"说的是……的原因",而不要说"说的是为什么……"。

这是小齐在讲了《台阶》的段落大意之后,给学生们补充的一点儿建议。这两种表述方式虽然用来表达的意思往往大体相同,但是前者比后者显得逻辑性更强,也更为简洁。按周振甫先生的总结,"要把话说得清楚明白、生动有力,就要选择恰当的词、恰当的句子,运用各种恰当的表达方式,用来明确而生动地表达自己的思想感情。修辞要讲的就是这些。"[1]修辞可以分为实用性修辞学和文艺性修辞学。就前者而言,主要指的是"要结合对象和说话时的情境,说话要达到的目的,选择最适宜的词汇、句子、语调、篇章结构来表达","在语言运用上要求简明、准确、平实,使人读了十分明确"。[2] 由此来看,小齐的做法可以算是在修辞上给学生以引导,而且引导的方式也是学生易于接受的。首先,她不是高头讲章地给学生传授修辞原则,而是从当时当地学生自己的言辞出发,这样学生会更加关注,教学也更具实用性。其次,她不是给一个原则就完了,而是先给出一个具体的表述程式,让学生便于模仿,而熟能生巧,随着应用经验增多,思维水平提高,学生便能够渐渐体会到其中的道理。

(二)以读促写

小燕在《信客》教学的尾声,作为结束语,对学生说了这样一番话:

大家不要小看这个细节描写啊,昨天我在判大家的感动作文的时候我就

---

[1]　周振甫《周振甫讲修辞》第 226 页,江苏教育出版社 2005 年版。
[2]　周振甫《周振甫讲修辞》第 1 页,江苏教育出版社 2005 年版。

发现,有的同学的作文呢,他写得很认真,写了一大串儿,但是先开始写得就跟流水账似的。比如说昨天写的,有的同学写妈妈,或者是写清洁工,有吧?好像我看了好几个同学写清洁工,你表现清洁工的性格,表现他(她)的人物形象的时候你就可以通过一些细微的东西,把那个小事情写大、写细,这样表现出来的人物就非常地有生活,也非常地生动了。所以同学们可以参照一下这篇文章里边描写父亲形象的方法,把描写加入到我们的作文当中。好像我记得昨天是……×××,你的吧?你有三段写得特别好,描写得也挺细致的,但是你如果能用一下这个细节描写,把那个清洁工到底是……嗯,你说他非常地不容易,非常地辛苦,再细致一点儿,当时的哪个动作,哪个神态,哪个表情,哪句话触动了你,把这个小的动作啊,语言啊,神态啊,来写大,那样的话你的作文可能就更好了。

　　这是一个典型的"以读促写"的环节。以读促写是传统语文教育的一条重要经验,它的基本意思,是说阅读是写作的基础,给写作提供知识、素材、话题等多方面的支持;写作是与所读文本的对话、对阅读心得的梳理,从而推进、拓展阅读。立足于获取写作的题材、方法来观照读写结合经验,则可以称为"以读促写"。首先,它强调语料的积累,要求通过大量、反复地阅读和背诵经典性文章,达到体悟和融会贯通的效果,从而促进写作水平的提高。对于中小学生来说,学习生活是他们生活的主要内容,课文应该成为他们了解生活、吸取营养的重要源地,因此叶圣陶先生继承了这一传统经验,明确指出"阅读是写作的基础";而同时他也进一步强调,阅读对于写作的作用不在于模仿,而在于"借鉴":"人家写文章表达人家的思想感情,咱们写文章表达咱们的思想感情,彼此的思想感情不会完全相同,因而彼此的表达方式(就是写作技巧)也不会完全相同。如果死死咬定,一切要以人家的表达方法为榜样或是范例,很可能走上形式主义的道路,结果人家的表达方法是学像了,却不能恰当地表达出自己的思想感情。以人家的表达方法为借鉴就不然。借鉴就是自己处于主动地位,活用人家的方法而不为人家的方法所拘。为了恰当地表达思想感情的需要,利用人家的方法不妨斟酌损益,取长补短,还可以创立自己的方法。"①其次,这一方法应用得成功与否,除了多读书这一前提,还取决于能否从所读内容中找到具体的模仿点或迁移点。通过阅读,总结和体会文章的知识和作文的方法,再结合自己的实际进行迁移和内化,就既解决了创新的问题,也不用像传统做法那样地去"皓首穷经"。

小燕抓住的则是这篇文章中的细节描写,特别是,她在最后还强调了"当时的哪个动作,哪个神态,哪个表情,哪句话触动了你"。现代科学哲学认为,"观察"不仅仅是感知觉对客观的镜像式反映,而是与主体的认识有互动关系;我国现代语文教育大师叶圣陶先生也说:"新的意味是记叙文的题材的生命。"②所以由观察落实到写作的关键是"捉住印象"③。由此来说,教师所做的这个点拨是很重要的。

四、体悟语感

小韩老师的《信客》讲到信客给发了财的同乡送信遭受委屈,却仍然为同乡着想这件事的时候问学生,这表现出了信客什么样的品性? 有学生说是"善良",其他同学听了也认同。但是小韩老师对这个答案不满意,觉得"善良"这个概念不够具体,"为人着想"这个表述和这个事件更契合。于是,"我就加了一个环节,之前我也没想到,就加进去了,就是让他读一遍那个信客的语言描写:这个就是你老婆的信! 通过这个把他现在这种纠结、无奈的心理

---

① 叶圣陶《评〈读和写〉,兼论读和写的关系》,《叶圣陶语文教育论集》下册第 543 页,教育科学出版社 1980 年版。
② 夏丏尊、叶圣陶《国文百八课·记叙的题材》,三联书店出版社 2008 年版。
③ 夏丏尊、叶圣陶《国文百八课·印象》,三联书店出版社 2008 年版。

给读出来,就能够把他们的思维打开,把那个为人着想给说出来……"

通过语感的体验来搭建言语和思维的通道,是适应汉语文民族文化特点的学习策略,[①]而锻炼语感最有效的办法就是诵读。小韩老师的这个片断典型地验证了这个规律。

五、实习教师的教学反思

实习教师在课后均进行了教学反思,反映出不同的反思方式和收获。

(一)认同

课后,大家都觉得这种"老师提问学生找"的教学"挺没劲的",但又苦于不会其他的方法。在这当中,小韩老师的反思更多的是从理解、认同的立场出发的。

首先,这就是"中学语文教学的惯性"。按照小韩的概括,就是"如果写人就分析人物形象,如果叙事分析过程,然后最后落中心、落主旨,全是这个,中学语文就是这要求。"不仅是实习教师,指导老师们讲课也是这样。不仅是现在,按照他的说法:"我们上学的时候也这样!"其次,这种模式有它的道理。小韩的反思是,如果不用这种办法,而是让学生自由地说、发散地说,那么每个学生的想法都不一样,聚不到一起,这节课不是更讲不出东西了么?

另一方面,小韩对于将来自己走上讲台怎么讲语文课,却有着另外一番想法。首先,他在备课的时候自己先要对课文"品读一番",在品读出什么以后,要设身处地想一想,学生对这些东西会不会感兴趣? 他们能想到哪一步? 他坚定地说:"主要还是我读出了什么就讲什么,不会去考虑太多硬性规定的

---

① 参考王尚文《语感论》,上海教育出版社 2006 年版。

一些东西,当然硬性规定的东西,比如说像这章的人物性格的特点,肯定要花一定的时间给它做到,但是这节课的中心我肯定不会按其他的,像教参这些东西设计出来,我肯定会按自己的思路去搞,基本就是这样设计的。"至于对学生的阅读要求,他的目标是初中要培养学生的学习兴趣:"我不要求初三毕业我的学生文笔要多好,或者知道多少个作家,看过多少本书。但最起码我希望他们在毕业的时候,说起文学方面的东西,最起码说我感兴趣,我在初中可能读过一些作品,不管是长篇、短篇,哪怕你在网上读的一些文章、小说,这都是可以。你在初中不是光学了课本上的东西,文学方面我读过一些东西。我要求他们起码要有这样的。不要说你初中三年学下来,除了课本上的几十篇文章,其他我什么都没读过。这个不可以。最起码要对其他知识有一些涉猎,但具体涉猎多少,到什么程度,这个都是无所谓的。"在师生关系上,根据自己的性格,他觉得不会对学生要求太严、太死:"我不会压抑学生,或者不会因为什么小事就觉得怎么样,应该不会这样。应该比较开明,不会给学生太多的束缚。不会束缚他的发展,让他自由的发展,但会给他一定的矫正。有些偏离了应该发展的轨道,会给你一些矫正。但会最大限度的让学生的个性能自由发展。可能,其他老师觉得这个学生发展到什么程度,他觉得已经出了他的底线了。我的底线会比其他的老师低一点,会给他更大的一个空间。"

这种想法,和他对于实习接触到的教学模式的理解之间,是有很大差异的。从有意识的反思层面,他认为这是因为自己处在实习阶段,而实习给他的印象是"很被动"。

而在教学实践上,则表现出两种想法相互折中的痕迹。比如,备课时所设想的学生的兴趣点,如果实际教学中发现不对,学生对此并不感兴趣,他的做法是"那就需要用两个问题给他带一下,首先把他的兴趣提起来,接下来再深入地给他分析这个问题"。换言之,学生有兴趣则罢,没兴趣就要想办法让他们感兴趣。再比如,对于学生的思考超前的问题,他的解决策略是"说出来你也不能说他全对",或者"不能让他一遍说对"。做法上,就不断深入地追问,让学生具体再具体地说、回到原文地说,一定能问住他们。这样做学生能不能有收获呢? 能。但是,是不是这样教师就不用通过自身的专业发展跟上学生的脚步,甚至走到学生前头帮学生拓展更大的空间了呢? 这都要看假以时日老师在专业发展上的走向了。

(二)批评

小燕和小魏两位老师,对教学实习的反思既有对教学模式的,也有对自身专业能力的。虽然她们觉得这个模式很死、没劲,但是也意识到,自己现在除了这样教,就不会别的教法了。但是这不是刚刚起步么? 参加完学校规定的教育实习,小魏为了找工作又到另一个学校去实习了一段时间,就发现那里的教法和她实习时学的很不一样,相比之下,学校有经验的老师觉得她的这种教法没有给学生留下思考的空间,这让她多接触了不同的教学模式和风格:“现在我知道了,教学不仅只有这一种模式。”而小燕更具有积极的心态,觉得毕竟是新手,刚刚起步,现在教得不好没关系,我可以学啊! 再说,到讲完第二节课(《信客》),问学生感觉怎样,学生就说:“啊,老师你比上次讲得好多了!”——“这个对我鼓励还挺大的,我就觉得看来还是可以进步的,心里觉得也有谱了。”

她们虽然觉得实习的时候学到的这个阅读教学程式过于僵化,但是并没有把责任往模式上一推就了事,而是对自己在实习中处理师生关系的实践进行了认真的反思。小魏觉得,教学中出现的各种小问题,主要还在于自己“没能把学生带出来”,有些教学环节不但学生用“你不行”的眼神看着她,看得她自己都不想往下讲了,而且自己也觉得确实“死气沉沉”。于是,处理师生关系就成了她反思实习中“琢磨得最多”的事情,琢磨的结果,她觉得主要还是自己有些不够成熟:“我觉得自己就像个孩子似的,没有办法去包容学生。比如说我感觉他们不喜欢我,我就想,既然他们不喜欢我,我为什么先喜欢他们呢! 就是这些我没有搞好。他们不先对我示好,我就不知道该怎么样跟他们交流,我老是觉得,如果在他们烦我的情况下,我要主动往前凑,他们会更烦我,我就怕这样情况发生,所以一直架在那儿。"而在小燕看来,解决这些问题,归根结底需要不断学习、积累经验。她反思自己的教学,觉得当时是有指导教师坐在教室后面,如果自己真正成为语文教师了,就没有指导老师在课堂里监督了,那么学生们的纪律还会像有老师监督的时候那么好吗?"然后我就想去看平常怎么去组织课堂。我觉得实习试讲的时候我下的口令不是很清晰,有的时候说一句然后还得再解释一下,他们才能懂,所以我觉得好多东西还是需要不断积累,那样才能提高课堂效率。"

(三)探究

对教学实习的反思,激发了实习生的探究兴趣。由于对自己课上的师生互动不满意,所以小魏直到实习结束后也一直在不断地思索:语文课堂教学中,教师应该怎样和学生展开对话? 比如常用的问答法,教师究竟应该怎样提问,才能推进互动? 为此,她把这个问题作为了自己本科毕业论文的选题;而且,她是通过分析钱梦龙和李镇西两位特级教师的小说教学案例,来探究课堂提问的经验,从而发现,小说教学的课堂提问,主要可以分为针对文章主题、人物形象、文本矛盾、细节描写、发散思维的五个类型,总的原则是"要根据学生的实际情况设定问题的难度";"在不同的环节采用不同的方法,教学多从小处着眼,从矛盾冲突处入手";"关键点是需要自己在不断增加的教学经验中去融会贯通的。"

小齐也是如此。她对自己讲授《台阶》时的情感熏陶环节失败进行了反思,在此基础上,形成了《如何在初中语文教学中进行情感熏陶》的论文。她从教师备课时的文本解读、对学生预习的引导以及师生的课堂对话三个方面切入来探究,从而提出:语文教师在备课时要与文本深入交流,获得真实的感受,同时,不要为了思想教育而进行思想教育;对学生预习进行引导的关键,是给予学生自由解读的时间和空间;在课堂教学中,师生都需要培养人文情怀,教师不强求甚解,学生不让自己的思维和想象为标准答案所束缚。

第六章 语文教学实习对于教师
身份建构的意义

　　教育实习作为职前教师教育和正式走上教师岗位的过渡阶段,它的本质意义应该是对实习生的教师身份建构发挥积极作用。这并不是说实习生经过教育实习之后都一定要建立坚定的职业信念,而是对于自己能否成为合格的语文教师以及自己是否志愿成为合格的语文教师,有一个理智的认识。而事实上,在教育实习结束后的反思性总结中,实习生们不约而同地谈到了听课、备课、讲课对于自己教师身份建构和认同的影响。有的实习生提出,通过实习,决定做一个懂得学生的心的老师;有的学生因为试讲得到学生和指导教师的认可而"更想当老师了";有的学生则从自己指导教师的身教和言教找到了专业发展的榜样……那么,语文教学实习影响实习生教师身份认同的具体情况是怎样的呢? 实习教师是如何通过教学实习建构自己的教师身份的呢? 这是应该具体考察的。

　　资料分析显示,实习教师在初步建构教师观的过程中表现出主动选择的特点。对于他们认同的,或者是能够同化到他们已有信念当中的信息会积极地接受;对于和已有认识冲突的信息,在吸收并调整自身认识的过程中,也是以自我说服为标准。

一、自觉辨析

小齐对实习中遇到的各种教学现象,很主动地进行了辨析,这是一个有所吸收也有所抵御的过程,她的教学观、教师观便在这个过程中逐渐地建构起来。

首先是在听课阶段,对自己指导教师的教学不是简单吸收、一味模仿,而是调动已有的学习经验和专业知识加以辨析。她初中时期语文老师采取的她称之为"范文效应"的作文教学方法让她很认同:"我觉得他就是讲优秀的,很少讲负面的,应该怎么写尽量说清楚。范文可以找自己班里写得好的,哪怕不是自己班学生写的,找其他的范文也可以分析。我们就曾经做过抄范文的训练,这周不留作业就抄范文,抄完范文自己去圈点评析,我觉得进步特别大,我的作文从初一到初二是突飞猛进!"带着这样的经验来看实习指导教师讲评作文,对写得好的文章表扬一下,对写得不好的同学点名批评,就让她觉得是"不够细致"的。一来,点名道姓地批评学生的作文,其实收不到好的效果——如果学生是认真写的,这样不但让学生学不到东西,还会打击积极性;如果学生只是应付,那么批评就会造成恶性循环。再者,写得好的作文到底好在哪里,也应该让学生明白。

对于指导教师的阅读教学,她基本的感受就是为了应试,但是由于受到自己高中时期语文老师的触动,所以她对此并没有简单地予以否定:很多人对应试教育不赞同,说我们要素质教育,我们不要拿成绩说话,但其实成绩,通过这些知识的磨砺,让一个人……什么最苦?学习最苦了,天天僵在那儿,考验着一个人的心态、努力程度,还有坚持信念的精神,这些都可以在高考当中反映出来。

但是她发现,实习指导老师训练学生答题的时候,特别看重的居然是多写字、写满,这让她觉得真是有量没有质。但是当她批改这样的作业时,就发现老师要求写满有一定的道理,因为写得多的学生虽然有可能没说到点儿上,但是写得少一般都是真不会,完全说不到点儿上。这使得她意识到学生的实际情况很复杂,解决问题的过程不像她想得那么简单。

其次是在处理个性与要求的关系时加以辨析。小齐最早遇到的"拦路虎"是在备课的时候,她自己对课文的解读心得与教学要求很不一致。她发现课文的艺术手法很有特点,话语也颇有意蕴,而描述的人物相对复杂,很难给初二学生讲清楚,所以她本打算着重讲她有心得的内容,但是老师的教学要求却是以分析人物形象为核心。经过试讲、反思,她终于明白,二者不但不矛盾,而且是有内在联系的。所以实习后她再做家教或者参加支教活动,就不再光串课文,或是就试题讲试题,而是从根本上引导学生学会解读、鉴赏文本,结果发现这才是提纲挈领的办法,一旦学生读通了文本,对付考题也左右逢源、游刃有余了。

最后,是通过辨析,探究语文教学的规律。小齐在二年级的教育见习中,已经体会到了我口表我心的难度:"语文教学既没有固定的模版,又要求老师有一定的思路,这就决定了教师在课堂上讲话,既要按事先设计好的思路走,却又没有给定的套路,必须临场发挥,这就要求嘴和大脑必须配合得很好。"但是她感觉很吃力,觉得自己在课堂上无法用语言无法把自己的理解和体会表达给学生,让学生领悟。到完成此次实习的试讲之后,她的认识实现了飞跃:"我现在注重学生的语言运用,还有语感的积累。因为我以前觉得都是中国字,没有什么读不懂的,后来发现原来文字和心里是有冲突的,有一个连接点需要教师讲透。其实说白了就是言不尽意,作者的言不尽意,就是意、象、言这三者之间,往往言不尽意。作者想表达的东西,写到文字里,表面上是看不出来的,就跟你说有多伤心,写出来的时候也觉得文字表达不出来有多伤心,就是得分析出来这个作者所要表达的情感到底是什么样的,因为言和意之间是有差异的,我们通过文字来分析主体的情感,而且这种情感是带有普遍意义的,它跟着你的阅历和你的理解,所以慢慢让你看到别的文章也能理解到,成为一种可以互相交流的普遍经验。所以我现在比较重视这方面的,我现在知道语文到底应该教什么了。"

基于从备课到授课的这样一个反思性实践过程,小齐对"师道尊严"有了新的认识,她觉得,这个概念应该是老师对自己的要求,而不是教师的"护身符"。在访谈中,她铿锵有力地说:"老师应该有老师的样子,一定要维护自己的形象,不能让学生看扁了!"可见在她看来,"师道尊严"的含义不是教师有绝对的控制权,学生要无条件地臣服于教师,而是说教师应该用自己的言行来维护师道的尊严。

那么如何通过自律来维护形象呢?从备课到授课的语文教学实践使小齐认识到,不管是教师还是学生,语文的教与学其实都是游走于言、意之间的对话。这时再反观教育见习时遇到的我口表我心的困难,她意识到做一名好的语文教师很难,需要学富五车、满腹经纶,还要教学相长,所以目前她对自己的专业发展期望,是"做一个设身处地为学生考虑的老师"。

二、积极选择

面对同样的环境,主体往往由于选择关注的重点不同,收获也大相径庭。

小楚从小就想当老师:"就是当时上学的时候特别喜欢,就觉得老师感觉特别好!说不上来的一种感觉。我也不知道为什么?从小就特别想当老师(笑)。就特喜欢老师这个职业,就是单纯地喜欢。"所以这次她是抱着"急切地想体验一下"的心情参加教育实习的。而她的实习指导教师对待她的态度和别的老师有所不同——她看到其他的指导教师会很细致地把该做什么、该怎么做都和实习生讲清楚,但是她的老师并没有主动告诉她应该怎么做,完全是放手让她一个人做事;而且对于她去观摩教学也不是特别欢迎,甚至到后来明确地说出让她别听课的话。

小楚对这些现象采取了理解的态度,因为当时临近期中考试了,时间紧、任务重,如果她去听课,老师是不是还要为了让她听得有效率而特意准备,如果她不去听,老师就可以放松一些,多讲一些和考试有关的东西?另一方面,她自觉地把关注的中心放在实习教学上。

首先,她的指导教师自己授课的风格给小楚最大的感受,是"顺":"她讲课的思路很清晰,条理很清楚。然后特别的顺,就是你能跟着她的思路走得很顺。而且,她既清楚明白,也很能够注意语文课的情感特点、人文特点,而且也不乏风趣。"对"顺"她做了进一步的解释,一方面是思路没有跳跃,很清晰,另一方面,是"该说什么就说什么,没有那么多废话。比如像我们新老师讲课的话,就是口头语特别多,比如这个问题讲不清楚,就会说一大堆,但是他就不会"。

老师自己是这样授课的,所以也着力培养小楚这方面的能力。在备课过程中,小楚的教案指导教师前后给修改了三四次,每次都是两人当面交流,而交流的主旋律,就是老师不断地问小楚每一个环节、每一个提问,甚至每一句话为什么这样说,是怎么想的?然后根据自己的经验,引导小楚考虑学生会有什么反应、能不能听懂?到试讲结束,老师仍然负起指导的责任,指出小楚关注学生不够,总的来看,是课堂对话过程中对学生引导不够,每当学生回答了问题,小楚仅仅是简单评价一下对或是不对,没有做进一步的点拨;特别是,当有一个学生没有举手,只是在座位上发言,但是却提出了一个很有代表性的疑问的时候,小楚根本没注意到,课后老师提醒她,应该尽量关注每一位学生的反应。

小楚对老师的点评很信服,因为课上下来之后,她自己也觉得,虽然教案准备得很充分了,但是当面对课堂的实际情况的时候,自己还是有点儿忙不过来。但是老师和同学们都对她的教学给予了肯定,尤其是学生,"实习之后我发现当老师还是挺有意思的,挺有乐趣的,挺有成就感的。尤其是我准备了那么长时间,然后给大家讲了,讲明白了,因为当时我讲完之后问那些学生,我说你们听明白了么? 我当时不想达到什么别的效果,就想让他们听明白就行了,然后他们说听明白了,我特有成就感! 加深了我想当老师的那种愿望。"

小燕的选择性学习主要体现在比较指导教师的身教和言教方面,她觉得,老师对她的指导不如自己的教学示范给予的启发大。对她的教学指导,相对是比较简单的,也就是教案大致可以、教态正常即可;而指导教师自己的教学,却有很多值得学习的东西:"她做到这些,给我的感受是我也就学到了,也算是一种指导。"

具体来说,首先是"她讲课的时候特别有激情,这样就让学生也特别愿意听";其次是"他的思维很清晰,设计的问题一环接着一环,还对学生也有一定的引导"。最让小燕受启发的是指导老师的作文教学:"以前在我的概念里面,作文教学就是给一个题目,学生就写,学生写完以后老师说好或者是不好,再找几个范文,老师也不用细讲作文怎么写。"而她的指导教师不是这样处理的:"我听了她一节作文讲评课,讲学生写过的一篇作文,老师再一次让学生自己批改。老师先是重新分析了一下那个题目,先找关键字,分析其中包括哪些内涵,老师都一一列出来,列出来以后再启发学生:你们觉得想写哪些? 就是一步一步地把作文讲得特别有层次感。所以学生都特别有意识地按照这个老师的方法写,不管语文学得怎么样,就感觉这样写这个作文水平就会高出很多,作文都写得不错……感到她有自己的教学方法,从她身上可以学到很多东西。"此外,指导教师的责任感也让小燕很受感动:"比如说判作业,就像我们这些实习生来了以后,有的老师是把作业和卷子都交给我们。但是我的指导老师不是这样。如果某项作业不紧要,她会让我们判,如果是紧要的,比如说快期中考试了,前一周的作业她就自己看,因为要关注班里学生什么情况。如果直接交给我们,自己就全都不管了,这样虽然是轻省,但是不了解学生什么情况。判作业的时候其实可以发现很多问题,如果要是不关注这些问题,那么这个作业有时候就白判了。"

三、自我调整

小韩的教学实习代表的是一个反思理想、理解现实的过程。

虽然在参加此次集体的教育实习之前,小韩自己已经在某中学的初一实习了将近一个学期,但是由于那次主要练的是备课,既没有得到授课机会,也没有接触学生,所以此次教育实习让他觉得是一次"理想彻底向现实的转变",特别是当自己的身份由学生变成教师,随着这种立场和视角的转变,发现很多问题不是那么简单的,自己的很多设想是不实际的,所以,如果说对教师职业以前更多是喜欢、兴趣,现在更多是对这个职业的理解和责任。而这次转变的效果,就是在教学观、教师观等方面形成了自己的见解,包括对待应试教育和语文素养培养之间关系的态度,包括对目前语文教学程式化问题的理解以及对"创新"的认识。

在小韩看来,培养语文素养和应试是两码事,整合在一起未必效果好:"教学能力是一方面,应试能力也是一方面。应该是教学方面制定一个目标,应试方面制定一个目标,两方面并行,达到两个目标。很多把两个做成一个目标,实际上这两个目标最终达到的程度不一样,强行合并达不到最理想的效果。"他还举了深圳特级教师吴泓老师等优秀语文教师的例子,都是把语文兴趣、素养的培养和应试的训练相对分开,效果有目共睹。而他这样设计并不是排斥应试,因为教学最终都要用考试来评价。所以他想等自己当了语文老师,要既抓应试,也要抓素养,素养则重在培养学生的语文学习兴趣。

至于阅读教学程式化的问题，他对自己两次实习都遇到的教学程式有一定的分析："一般来说按这个教案讲学生会很明白，很明确思路。缺点就是难点不是特别突出，就是说，可能真正的教学难点并不一定是他要求的教学难点，学生的实际问题可能在讲课当中没有突出出来。"同时，他也存在着应用上的困扰：一方面，他感到了这个共用模式确实很死、很僵化，但另一方面，又觉得它不是全无道理："如果你放开了不用这种方法去读的话，每个学生的想法都不一样，聚不到一起，这节课不是更讲不出东西了么？"

对语文教学、语文教师更实际的认识，使得他对"创新"也更加谨慎。

基于此，他对于语文教师的地位有一个形象的比喻："从小学到中学大学，比如像小学的教育，比如拿一个小孩来说，老师会给你一个梯子，然后扶着你一点一点地往上爬，就是小学的教育。然后中学的教育就是老师把梯子给你搭好，你顺着能够踏踏实实地爬上去就可以达到那个目标了，真正到高中包括到大学，梯子都需要你自己找材料做好，自己往上爬，所以这个就很好揭示了中学语文教学的地位。语文老师要先摸清自己的地位，就是一个类似于工具一样的，主要的工作就是做好引导，能够正确地引导学生朝既定的方向去爬，去走，就 OK 了。如果老师地位摆不正的话很容易陷入误区，就是会拿高中和大学的教材去教育初中的学生，那肯定是不行的，学生肯定还没有那种能力，有可能他素材不够或对人生的领悟不够，你强加给他一些东西，倒使得他走歪了，所以说老师一定要了解自己的地位。"小韩觉得自己会是一个给学生的底线比较低、比较开放的老师。

四、有待超越

小魏在教育实习刚结束的时候，都有点儿不想当老师了，只是因为自己是学师范的,所以还是会找教师的工作,但仅仅是当做一个比较稳定的职业,而不像原来那么喜欢了。之所以实习会让她如此失落,是因为在师生关系方面她处理得很失败,"至少应该让他们尊敬我,在心里意识到我是一个老师,我说话你要听。"但是她发现学生根本不拿她当回事儿,对她的要求置若罔闻,"我是一个老师,但是我是一个不知道该怎么办的老师,站在讲台上真急,真是不知道该怎么办!"而她的性格是"别人要先对我好我才能对他好","他们不喜欢我、不先对我好,我不知道怎么交流"。渐渐地,她开始主观地认定学生很烦她,于是产生了自卑感:"不管我做什么他们都不喜欢!"最后有点儿恼羞成怒了:"学生不值得我喜欢,他们不尊重我,我也不想跟他们培养感情,我现在宁愿他们怕我!"

但是,看到其他实习教师和学生相处得都比她融洽,她在内心深处也在不断地反思,直到实习结束,"还在反复思忖着这个事儿"。实习后开始找工作,她很快找到另一所学校愿意要她,但是要求她先去实习一段时间。这所学校的学生们对她很热情,让她重新找到被尊重的感觉。此时再反思师生关系,她觉得"当老师最重要最终还是从心里喜欢学生、爱学生",而她还没有完全做到,一来是因为实习的时候没有真正把自己当老师,骨子里还是学生;二来也是自己的性格中有"被动"的成分,就无法"包容"学生。

她所说的"被动",指的是别人先对她示好,她才能坦然地反馈。而反思到最后,她意识到,当老师真的很不容易,需要超越自我:现在看来,如果当老师,我首先要克服的问题就是怎样让自己爱学生,然后爱这个工作。

而小魏的这种弱者心态,很可能是来自于童年时代教师给她造成的"阴影"。

我们那是农村校嘛,老师素质也不高。我们排队交数学作业,我前面那个同学,一个男生,他没交,老师"啪"一个大嘴巴就打在他脸上,特别响!我当时都愣了,我特害怕,怕老师要是扇我一嘴巴。那老师对坏学生真的就是打,然后还骂你,对好学生就是不搭理你,他也不表扬你,那会儿特害怕在老师那儿犯什么错误,犯错误怕他打我。

好在经过学习和实践,她对此已经有一定的理性认识:"我当老师最怕的一点就是,有时候不能顾及别人的感受。我就怕无意之中伤害孩子,就跟我小时候那老师伤害我似的,我觉得学生没准儿会恨我一辈子的,挺害怕这个的。万一哪天一不开心,小孩儿做一件事儿让我烦得说他们一句,也许人家性格好也就没事儿,也就过去了,要是真跟我似的,过事儿往心里走的话没准儿真的让人家讨厌一辈子。我属于冲动起来就不过脑子了。挺难的,我尽量吧!现在我也在学习,就比如说什么事儿吧往中间走走,别老太两极分化了。反正一步一步来吧,也不可能一步做到。"

小秦参加教育实习,最渴望的是借此机会获得一种动力,让自己有勇气把超越自我付诸实践。因为大学读到三年级,她发现自己的生活一直缺乏明确的目标,稀里糊涂的,用她的话说:"我知道了该做什么,就是没干。大学把自信磨光了,心也放宽了,缺乏那种奋斗的感觉。"比如说,要是早知道就应该好好准备考研什么的。

语文教学实习的过程,使小秦勾勒出了自己理想的语文教师形象:有实力、有范儿(气势)、有自己的风格,而且教学有激情,能够让学生感受到自己感受到的东西。所谓"实力",主要指的是知识储备充分,比如她觉得新手教师就应该把所有的语文教材都读一遍,把所有的试卷自己都做一遍;所谓的"范儿",就是有气势:"就是就站在那里让你有一种仰望的感觉,就是底下坐了一堆学生,就可以镇住,让学生很信服,不是说在讲台上站着,学生感觉跟没有他一样,就是很有气势。"

但是,她还是没找到让她能向着追求干起来的动力,所以她一方面觉得当语文教师有安全感、幸福感、归属感、成就感,另一方面,又担心着这种生活会不会过于平淡,想着"用寒暑假去干自己想干的事";一方面她意识到了自己目前的心态有问题,"没有按自己的理想做事",另一方面又想以后得做一个严厉的老师,这样才能建立权威。

第七章 结论与讨论

一、研究结论

本研究主要考察的,是在高等师范院校的教育实习中,实习语文教学对于中文师范生的意义是什么? 这样表述研究问题的目的,就是要尽量从实习生的立场出发,用他们的视角来探究、反思教学实习。从这个意义上来考察实际的语文教学实习过程,主要有四个阶段,即:备课阶段的教学文本解读、教学设计、教学实施、教学反思。这四个阶段在实习生的认知和情感上是彼此相互联系、相互影响的,共同建构起教学实习对于实习主体的意义和价值。在这个过程中,实习生既要调动已有的专业储备来完成实践任务,也要在和指导教师交流的过程中进行学习。因此,整个语文教学实习的过程,既是实习生初步内化行业规范、把自己塑造为当语文教师的人的过程,也是对语文教师工作进行初步的体验、反思,从而向着作为人的教师的境界迈进的过程。

通过研究发现,在上述的主要阶段中,实习生对语文教学的实践和对自我的建构都有一些具体的特点。

(一)教学文本解读

中小学语文教学正在经历着一次教学范式的变革。过去的很长时间里,从事语文教学工作是不需要教师自己动脑筋的,因为有教学大纲、教材、教学参考书,每周还要进行不同层次的教研活动,最后有统一的考试,所以语文课应该教什么、怎么教,都是规定、商量好的,老师只要想办法保质保量地在课堂上实施好就行了。但是,这显然是不符合言语的本质、不符合语文教育教学的基本规律的,随着语言文学、教育学等基础学科的不断发展以及整个社会不断推进民主化进程,时代对语文教师提出了更高的要求,要求语文教师转变观念,真正建立对话的、建构的教学观,并因此而培养专业探究的习惯。这对于改变长期以来在阅读教学中普遍存在的僵化、教条、灌输式的教学模式,对于促进教师的专业发展,都是有意义的。具体来说,现在首要的任务是要完成"从高处转到'田野'""从外视角转到内视角"的工作思路的转变,即暂时从理念的角度转向课程改革执行者的角度来思考问题,用"田野工作方式"解决问题。[①] 那么,中小学教师本身对文本解读的要求实践得如何,有何体验呢? 对此进行考察,对于深度把握阅读教学的实际情况以及推进教学改革,都是十分关键的。

在这个问题涉及的语文教师群体中,实习教师具有典型的研究意义。一方面,语文教师的专业发展是具有阶段性的,所以各个发展阶段的特征均需要具体研究,包括教育实习这个教师工作的起步阶段;另一方面,中文师范生进入实习,意味着迈出了做语文教师的第一步,自此他们就开始与专业的、现实的教学环境展开对话,并在这个过程中形塑自己的专业形象,建构者自己的专业习惯(这当中也包括阅读教学的习惯);而且,这第一阶段所遭遇的困难、获得的认知等等,都对以后有着深远的影响,所以,考察实习教师解读试讲课文的情况,对于了解语文教师当前的阅读教学体验具有典型性。

通过对资料的分析可见,高等师范院校中文专业的大学四年级实习生,在备课过程中处理教学文本的情况,主要有四种(如下图):

---

① 李海林《语文课程改革的进展、问题及前瞻》,《语文建设》2006 年第 3 期。

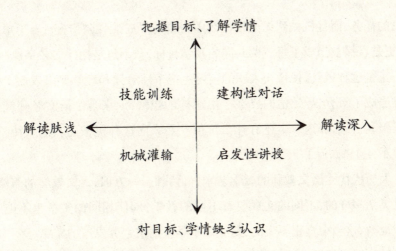

解读得肤浅,主要指的是拿到教材之后,直接按照语文教学领域既有的程式,把教材内容肢解,填充到程式化的各个步骤当中,而缺乏教师自己对教材文本的个性化体验;相对地,解读深入则是指能够先对教材文本进行个性化的解读,读出感受、读出矛盾,并调动专业储备解决问题。

我们说,教师备课当中对教学文本的解读,目的始终是为了教学。所以这项工作必然要与对教学目标、学情的理解相整合。本研究中涉及的几位实习生,他们的整合情况大致有四种。

1. 既能够比较深入地解读课文,也能够较为准确地把握教学目标和学情

如上所述,深入解读课文的基本标准,是能够有自己的体验。理论上,这样教师才能真正理解学生读课文的感受,了解他们的阅读困难;这样才能引起师生之间有意义的教学对话。但是,在实际的备课过程中,还需要一个条件,即合理地解决自己的解读、体验与教学要求之间的矛盾。

实际上,无论是《语文课程标准》当中规定的"三维目标"也好,还是教材中具体胪列的单元任务也罢,都是根据语文素养发展的大方向,集合了多种学情提出的,它们代表的只是一个方向性的建议,其中内含着教师要在了解这样的建议的基础上,因材施教、有的放矢的意思。但是现在一线的教学实践中仍然存在着一种套用、照搬规定的做法——直接把"三维目标"当做每一

课书的任务,而且机械到无论教什么样的课文,"三维"都要齐全;至于单元任务,更是直接被当成了每一课共同的教学目标,只不过是把课文名字换一换。

正是这种风气,使得初入职的实习生把个性解读和教学要求表面上的不一样当成了对立,导致他们要么产生这样的想法:原来当个语文老师就是这样天天套公式,那这一生还有什么价值? 要么向这种机械的教法妥协,起步便成了一个"二传手""教书匠"。

而历代优秀语文教师的教学艺术告诉我们,一方面,语文教学的策略、方法是灵活多样的,不同的文章要有不同的教学,即使相同的文章也不能千遍一律地教,这当中真正不变的,是立足于学生语文素养发展的需要。

2. 能够尽量深入地解读课文,但是对教学目标和学情了解不足

教师首先深入解读教学文本,就创造了与学生进行积极对话的条件;另一方面,如果实习教师对教学目标和学情认识不够,在课堂教学中往往会多用讲授法,也就是把自己的阅读体会传达给学生,但是这样的教学效率相对比较低。首先,如果是有所准备的学生,听这样的讲授会得到一定的启发;对于没有准备的学生,这样的讲授基本就属于灌输了。其次,如果语文素养较好的学生听这样的讲授,会在头脑中与之形成"对话";如果是基础较低的学生,情况就会比较复杂。

从优秀语文教师的经验来看,掌握学情是必不可少的,甚至每一篇课文的教学之前,老师都要深入了解每一个学生的感受、困惑。据有经验教师介绍,这个过程的开始阶段可能会花费时间较多,需要耐心地、辛苦地做好每一个环节,比如调动学生预习课文的积极性,花费心思安排好预习作业,把握好课前检查预习的时机,留出根据学生的预习情况修改教案的时间,在课堂上有效处理教学基本任务和学生关注点之间的关系,等等。但是假以时日,这是一个加速的过程,会越来越得心应手,效能也会日益显现。

此次作为研究对象的六位实习教师当中,有三位是属于这种情况。从他们的体会来看,主要是由于对自己的实习生身份感到尴尬,自己觉得既还不

是老师,也已经不是学生了,而且又是在人家中学实习,所以不敢放开手对教学对象展开调研,只能做到严格要求自己,把教材备好。

而事实上,无论是他们所在院系召开实习动员会的时候,还是实习基地校相关领导和老师给他们开欢迎会的时候,都说过一句类似的话,就是要把自己当成老师。但是他们基本上是仅仅把这个话当成一种鼓励或者客气。而事实表明,把自己当成独立的教师而不是学徒的实习生,反而能够得到更多的信息和收获。

3. 储备了一定的关于教学目标和学情的经验,但是对课文解读不够

就本研究而言,这个情况主要发生在小韩老师身上。由于他在教育实习前自己已经在其他学校的初一年级实习过一个多月,而且已经在有经验教师的指导下,针对初一年级的基本篇目一一进行了备课练习,所以进入教育实习的时候,他就已经储备了一定的关于教学目标和学情的经验。

之所以说他对课文的解读不够,主要是指的对《信客》的设计,直接将指导教师提示的"信客为什么没有能够坚守一生"这个问题,作为自己教学的主线,并在此基础上设想学生一定会对这个问题感兴趣。

但是实际情况是学生并没有他预期的那么有积极性。在这种情况下,小韩老师借助自己的教学机智,在课堂上临时想办法来调动学生的学习积极性,取得了一定的效果;但同时他的教学也呈现出技能训练的倾向。

4. 课文解读比较肤浅,对教学目标和学情也认识不足

实习教师中也存在着两方面都欠缺的情况,其结果就是使得课堂教学变成学生听老师按照自己的思路把课文捋一遍。这种教学是相对低效的,因为既没有从学生的解读需要出发,也就无法真正解决学生的阅读问题;即使从应试的角度来看,在应试指导经验不足的情况下,这种做法也是无意义的。

从以上的分析来看,教师在解读教学文本时如果能够与文本进行真实的对话,使得解读不流于表面,那么就能够促使学生上课时真正动动脑筋,反之则不能保证教学的有效性。所以说,教师对教学文本的解读,是保证阅读教

学有效性的必要条件。在此基础上,如果能够将文本解读与考察学情、理解任务有机结合,那么阅读教学就能够实现人文性与工具性的有机统一,语文教师也能够实现作为读者的教师和作为教师的读者的统一。

(二)教学思路的形成

"思路"最基本的涵义,是思考的线路、线索,亦即主体思想活动的逻辑过程和结构。从这个意义上说,实习教师的教学思路包括多层含义:既有语文阅读教学实践当中已普遍应用的基本教学程序的意思;也有根据自己对课文的解读和分析,并结合教学的要求,形成的教学设计思路的意思;还有教师在课堂上与学生展开教学对话的教学策略、教学机智的意思。在设计过程中,由于解读文本的思想不同,由于要处理文本解读与教学要求的关系,由于中学指导教师和实习教师对教学设计的理解不同,所以实习生在建构教学设计思路的过程中要面对各种矛盾、解决各种问题。

通过分析资料来看,实习生首先要学习语文教学既有的教学程序,因为这是教学实习的基本要求。这一要求在中学导师的指导过程中并不是以授课的方式明确告知实习生的,而是实习生在观摩指导教师教学的过程中归纳、提炼的。实习生一般不考虑为什么阅读教学、作文教学应该按照这样的程式教,而是无论理解与否,都尽量模仿套用。

但是,在内化这一程序的过程中,实习生还是要面对种种问题,比如自己对文本的理解、自己的教学设想与公式化的教学程序之间的冲突,比如实际落实这一程序时的很多细节不知怎样处理,等等。有的实习生通过分析学情突破了这一矛盾,并因此而收获了宝贵的教学经验;最终没有能够解决这一矛盾的实习生,则退回到模仿的水平;还有的实习生试图在个性和模式之间找到平衡。

即使出现了这样那样的问题,实习生也并没有就这些问题和指导教师请教、探讨,而是想当然地给这些问题找一个说得通的解释了事,但是这些解释往往是不客观的,既容易造成对语文教学的偏见,也容易使得新手教师自己变得偏激。

（三）教学实施

实习教师们自己感到最迫切的需要，是获得与学生进行教学对话的经验和教学机智。他们自己的教学实践，更多的是让他们明确了这一需求；而初步的经验获得，主要是靠向指导教师学习。

实习教师的教学是在所处中学的语文教学环境影响下进行的，从指导教师那里学了什么模式，往往就采取什么模式。具体到这几位实习教师主要采取的教学思路，基本是以字词教学为首要，文本分析集中在梳理文章的内容，之后是选择一些文章细节进行深入分析，以概括出相应的抽象概念（词儿）为完成的标准。即便如此，实习教师也还要发挥自己的才智，特别是教学机智，以便在具体的教学实施过程中应对学生的反应，推进师生的教学对话。

从课堂教学来看，他们多是"牵"着学生走，学生的课堂反应主要是由教师的教学思路、教学手段和对话方式引起的。由于不是从学生的实际出发，而是老师的想法在控制课堂，所以多数情况是学生的反应与教师的期待不匹配，或者超前，或者滞后。教师对学生的课堂表现进行反应，除了要体现实习所学到的教学思路外，还要求实习教师自己为解决问题而采取应激性策略，这几位实习生应用的主要策略有三种，或者是运用自己的专业知识规范学生的思路，或者是让学生从文本的言辞中体悟语感，或者是以读促写。

（四）教师身份认同

六位实习教师对自己教学的反思，最终都归结到教师身份认同方面，这说明在语文教学实习的过程中，实习教师也初步地建构起自己的教师观、教学观。虽然就业的压力很大，但是实习教师仍然或多或少地表现出主动选择的特点——对于他们认同的，或者是能够同化到他们已有信念当中的规范、要求、策略等信息，他们会积极地接受；对于和他们已有的认知相冲突的信息，在吸收并调整自身认识的过程中，也是以自我说服为标准。总的来看，六位实习教师都经历了辨析、选择、调整和自我超越的过程。

二、研究反思

（一）对语文教学实习的反思

首先，语文教学实习中实习生应该获得的最有价值的收获，是教师实践性知识。

按照杰斯(Jasz)的观点，教师身份认同的过程，从一定意义上说就是教师知识发展的过程，对此，他用一个象限图做了说明[①]：

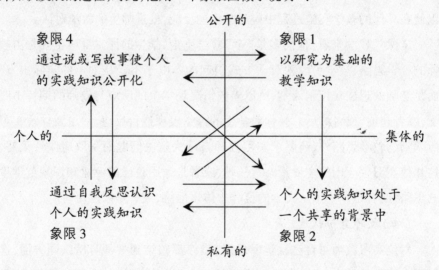

实习生在语文教学实习中能够获得的最有价值的收获，应该是介于象限2和象限3之间的知识——在教学文本解读阶段，实习教师真正要解决的问

---

① Jansz, J.（1991），*Person，Self，and Moral Demands*［M］. Leiden University：DSWO press. 转引自李茂森《教师的身份认同研究及其启示》，《全球教育展望》2009 年第3 期。

题,是要将自己的解读成果与教学的要求、需要整合起来。在教学设计阶段,实习教师要解决的主要问题不是模仿教案模版把教学目标、教学步骤填写完整,而是根据教学要求,针对学生语文素养发展的现实需要,形成有效能、有特点的教学思路。这是一种内在的逻辑,与师生的教学对话互为表里——一方面,它是以学生的实际(语文水平、发展需要)为起点的,并负有激发、推进教学对话的责任;相应地,师生的教学对话不但要依据这个逻辑,而且要体现由此形成的思维成果、思想成果、言语成果。在教学实施阶段,实习教师要锻炼、积累自身的教学机智,从而提高课堂教学的效能。

而这三个重点问题当中,其实包含着一个共性的要素,那就是教师实践性知识——如果把教师实践性知识界定为教师在教学实践中真正信奉并运用的一种具有内隐性的缄默化知识,那么像语文教学语境下的单篇文本解读经验、具体教学环境中的个性化教学思路、课堂教学中应激性的教学反应,等等,都基本属于教师实践性知识的范畴。

其次,需要系统的专业化知识建构来从根本上解决问题。

从这几位实习生的实际情况来看,有的实习生(比如小齐、小楚)不但获得了一定的实践性知识,而且开始向着象限4的内容迈进,即通过反思性叙事将实践性知识显性化;而有的实习生则尚未进入象限2的水平。这表明语文教学实习的专业环境中,缺乏统一、有效的知识背景。细化实习要求、审核指导教师资格、改进实习模式……这些策略无疑都有助于实习效能的提高,然而,这些都是在打外围战,真正核心性的问题,是由于缺乏具有相当水平的、统一的专业知识体系,造成语文教师素质、语文教学环境参差不齐,语文教师专业发展仅仅是教师个体的选择和运气。因此,只有建构专业知识体系,才能提高实习效能,给予新手教师坚实的专业发展保障。

(二)对本研究的反思

由于研究者是初步尝试运用质的研究方法研究专业问题,因此本研究还有很大的提升空间。具体来说主要有三个方面。

1. 资料收集

本研究目前的资料收集尚不够完备。这既表现在研究对象的广度上，也表现在对每一个研究对象的发掘上。

目前主要是针对研究者本人担任大学带队教师的一组实习生进行了研究，虽然后续补充了一位在另一所实习学校实习的学生，但是整体来看研究对象还是十分有限的。进一步的研究中，应该拓宽视野，根据实习基地校的特点，以及实习生的情况，选择不同的典型进行资料收集。

对于这六位实习教师的资料收集，也表现出不足，包括：在文本解读的思路及其成因上，在教学设计的思路上，在课堂教学的感受上以及与指导教师互动的具体情况方面，都还有深入的空间。尤其是小楚老师，由于是后续补充的研究对象，所以没有能够对她的课堂教学进行观察。

2. 理论建构

目前的研究属于初步地对中文师范专业实习生的语文教学实习做了一些勾勒，在拓宽研究对象的范围的基础上，还可以做进一步的分析、提炼，从而建构关于语文教学实习过程及特点的理论框架。

3. 提供参考

本研究目前已涉及到实习生的专业基础问题、实习生的指导问题，比如，在近十年的学术建设已见成效的基础上，高等师范院校中文专业的课程和教学，怎样从培养高质量语文教师的意义上进行研究、反思，以突出自己的特色？又如，在进行了多年实习基地建设的基础上，怎样进一步研究、建设更加合理的实习指导教师制度？但由于存在着以上的不足，使得本研究目前对这些问题的分析还不够集中、具体。随着理论建构的不断成熟，将能够发挥一定的参考、启示作用。

附录:试讲课文教学实录

小燕老师《信客》教学实录

T:有听写本儿的最好准备听写本儿。快点儿准备好听写本儿……

T:好,那我们现在就开始上课了啊。上课!

(全体起立。)

T:同学们好!

S:老师好!

T:请坐。好,我们先来看一段视频,××把灯关一下,怎么回事儿啊这个? 这个……谁来帮老师看一下? (学生七嘴八舌)它就这样是吗?

(放映视频,中途打上课铃。)

T:好,同学们,刚才我们看到的人物就是"2005 年感动中国人物"之一王顺友,今天我们也要学习一位王顺友式的人物,叫做"信客"。

(板书课题。)

T:大家把书翻开第 10 课,作者是余秋雨(边板书边说)。好,我们先来看一下作者的简介(打出课件),×××同学给大家读一下。

S:余秋雨,1946 年出生,浙江余姚人。我国当代著名艺术理论家、文化史学家、散文家,大学毕业后,留校任教多年,曾任上海戏剧学院院长,教授,上海写作学会会长。辞职后继续从事教学和写作。主要著作有《戏剧理论史稿》《艺术创造工程》《文化苦旅》《文明的碎片》《秋雨散文》《山居笔记》。

T:好,请坐。同学们记一下他的代表作,就是《文化苦旅》《山居笔记》《文明的碎片》,还有《秋雨散文》。大家有时间的话可以看一看这几本书,都挺好的。

T:记完了以后大家看书,因为大家之前好像也没有预习,那我给大家5分钟时间,仔细地把课文看一看,看它的主要内容讲的是什么?

(学生默读课文,教师适当催促动作慢的学生。)

T:(看到有抬头的学生)看完的同学记一下屏幕上的字词。

(学生赶紧记。)

T:因为时间有限,咱们现在就开始看课件上的字词啦。下次我给大家留的预习作业希望大家能够认真完成,能把这个课文在课下看了,以后咱们就不用在课上浪费时间了。

T:(指课件)现在大家看这个,全班齐读两遍,"跋涉",开始!

(学生读展示的字词两遍。)

T:(纠正读音),那念"伎……"什么?一声、二声、三声、四声?"伎俩"三声……

T:给大家一分钟时间记这个字词,然后我听写。

(学生看字词。)

T:找几个同学到前边来写,其他同学拿出一张纸来,或者你们的听写本儿,拿听写本儿吧。现在就只注音。×××同学,你到黑板上写吧。其他同学给课件上画横线的字注音。

T:写完的记一下这个字形。

T:同学们同桌互换,看是不是都写对了。错的同学改一下。

(老师纠正黑板上写的。)

T:刚才大家已经读完课文了啊,快速回答我几个问题:文章中讲了几名信客?

S:两名。

T:主要讲的是哪一个?

S:小(新)信客。

T:年轻的信客是否坚守了一生? 是否一生都在做信客这个职业?

S:不是!

T:啊,好。那他最终是否获得了大家的认可?

S:是!

T:很好,看来大家刚才都读得不错啊! 好,同学们现在四个人一组讨论一下:年轻的信客为什么要做信客? 然后第二个问题:年轻的信客为什么没能坚守一生? 好,现在可以讨论啦。

(学生讨论,教师在行间巡视。)

T:好,×××你来说一下第一个问题。

S:原来那个老信客因为有一次在信上做了手脚,大家对他不信任了,他就做不了信客了,就找到了从上海回来的一个年轻的信客,跟他讲了做信客的一些情况,年轻人就做起信客了。

T:啊,好,那也就是说新的信客是因为老信客才做的信客对吧? 这个年轻信客受到了老信客什么影响?

S:……嗯,精神……

T:啊,对,精神影响。那也就是说,老信客的精神感染了新的信客,所以让他想成为一名信客对不对? 好,那我们再来解决第二个问题,下面大家也可以再讨论,如果有答案的话……啊,××同学!

S:因为年轻的信客后来也老了,得了重病,在身体上已经就是特别艰难了。

T:身体,对,他说的是身体。

S:然后还有,他想起老信客的结果,他不想像老信客那样被别人误解,然后……

T:他不想被老信客误解?

S(七嘴八舌):被别人!

T:他不想被别人误解。同学们觉得他说的这个有道理么？×××。

S:第86页。

T:好,大家看86页。

S:"这条路越来越凶险",就是说,他送信的时候被别人冤枉,他觉得现在做信客越来越来凶险,跟原来不一样。

T:嗯,凶险。啊好好! 就是凶险! 刚才××同学说了身体,我们说身体什么?

S:有病,老犯胃病和风湿病。

T:对,我们用一个词来说他的身体? 体弱多病、虚弱,啊可以,还有吗,其他的? 啊,我还想到一个,叫身体疾苦(板书)。除了这两点原因,还有其他的原因。大家再找一找。××。

S:因为他们那儿的学校不是让信客当校长嘛……(其他同学反对,因为是先不当信客,后当的校长)

(其他同学七嘴八舌反驳。)

S:他报丧的时候,连他一起呵斥。

T:那就是他的工作非常辛苦。那我们再用一个词……只是辛苦吗? 大家看一下第13自然段,对,83页大家看一下,这段写的什么呀?

S:太忙!

T:太忙,对。除了忙还有什么? 对,对,他要干很多的事儿。我们可以用一个词,工作辛苦,还有,工作繁杂。(板书)那么,他的收入高么?

S:不高。

T:从哪儿看出来的?

S:在第3段后半部分,从老信客就可以看出:"他的家,破烂灰黯,值钱的东西一无所有。"

T:这是一点,其他部分还可以反映出他的收入不高,同学们再找一下?

×××。

S:我觉得86页"只有这时,人们才想起他的全部好处,常常给失去了生活来源的他端来几碗食物点心……"就是说他要是不做信客就没有生活来源了。

T:对,他刚不做信客就已经没有钱了,这也能表现出来。那我们用一个词来说,他生活非常地……?

S:简朴。

T:简朴? 可以。

S:拮据。

T:对,拮据可以,还可以说是生活贫苦。(板书)大家再找一下。这是信客遇到的这么多的困难。那我们再看一下,信客,他在面对这些事情的时候又是怎样表现的? 大家在文中划一下。他是怎么表现的?

(学生划书。)

T:×××,来,你说一下。

S:在第16节,最后一句:"他也只能低眉顺眼连声诺诺。"

T:啊,好! 先别坐下,还有问题:那他为什么要"低眉顺眼连声诺诺"? 看一下当时这个事情是怎么发生的? 其他同学也可以说。他为什么要在这儿"低眉顺眼连声诺诺"? 是因为他错了么?

S:不是!

T:那是因为什么呢? 好,你来!

S:是因为信客想安慰他,不想跟他发脾气。

T:就是想安慰他,好。那这可以表现出信客怎样的一种为人?

S:善良。

T:善良,好。还有么?

S:大度。

T:大度? 好,有同学说"大度",从哪儿看出他"大度"呢? 是从他"低眉顺眼连声诺诺"看出来的么？我先写上。×××。

S:后面，他被人冤枉，被人抽了一嘴巴（笑），那人到他家去道歉，他就说了信客对他非常恭敬，这说明信客很大度。

T:对，对，他并没有埋怨，而是原谅了他。×××。

S:有责任感，第85页："直到他流了几身汗，陪了许多罪，才满脸晦气地走出死者的家。"他是为了尽自己的"乡情乡谊"。说明信客必须得有责任。

T:大家看85页。责任感，他就一定要做好，对吧？好，对，他找的这个材料很好。那其他同学说，还能表现出他怎样的性格和怎样的为人呢？好，××。

S:表现了他十分的坚定，因为遇到困难就想到找信客，他能坚持。

T:坚定……坚持，对，（板书）那也就是说，这是他的工作，不管别人怎么说他，怎么埋怨他，他都要坚持做，那同学们想，用一个什么词是？

S:（齐）坚忍不拔。

T:也可以，还有吗，其他的？就是，他自己的本职工作虽然很累，但是他还继续坚持……任劳任怨，可以吧？然后，再想一个！（板书）还有吗？恪尽职守，也可以吧？（板书）好，那同学们说老信客对年轻信客最后的嘱咐是什么？文中有。

（学生翻书。）

S:信客就在一个"信"字。

T:那同学们觉得这个年轻的信客他有没有做到这个"信"字呢？

S:做到了！

T:文中写到了吗？

S:没有。

T:他没有直接写对不对？但是……那你们怎么知道他就做到了呢？

（学生思考，教师板书"诚信"。）

T:你们怎么知道他就做到了"诚信"呢？×××要说？好，你可以先说，试一下。

S:88 页。

T:88 页。

(学生读相关段落。)

T:就是说这个信客他做得很成功对吧？而老信客又说信客就在一个"信"字,也就是做一名成功的信客最重要的是"信",既然他成功了说明他一定也是守信了,一定也是做到了诚信对吧？同学们,信客在面对这么多的困难的时候,身体上的,环境上的,工作繁杂,收入也不多,就着这样的情况下,他工作了多少年?

S:二、三十年。

T:对,第1段就写到了,工作了二三十年(板书),而且一直在用善良、大度、责任感等等这样的态度在做(指黑板)。如果是你,你能做到吗?

S:(学生迟疑)不能。

T:那他这样坚持下来了,同学觉得他这样,苦吗?

S:(尝试性地)苦!

T:难吗?

S:(恍然大悟地,语气还带有一点儿逗你玩儿的心态)难!

T:那,那他伟大吗?

S:伟大!

T:那我们看,信客只是一个普普通通的邮递员,他却用自己最大的努力,克服了最大的困难,赢得了大家的尊重,那我们今天也认识了这样一位人物,希望我们可以从他身上学到这种精神,希望同学们能够尊敬信客这样的平凡的小人物。好,我们下面再看一下这个,这个是王顺友的颁奖词,同学们一起读一遍吧,开始!

(学生齐读。)

T:这个是对王顺友的赞扬,今天我们学了《信客》,就来写写这个信客。

如果你是这个信客的刻碑人,你希望给他写些什么呢? 同学们拿出一张纸,现在就可以写了。

(学生纷纷写,打下课铃了。)

T:好,这个作业留给大家课下去做,然后明天早上交上来。那就到这儿吧,下课! (起立)同学们再见!

S:老师再见!

小魏老师《信客》教学实录

T:好上课! 同学们好!

S:老师好!

T:在今天上课之前,我想让大家看一个人(出示课件)。大家认识他吗?

S:不认识。

T:一个都不认识? 来我们看一下他是谁。他叫王顺友。他的家乡在四川省凉山彝族自治州穆里藏族自治县。(学生跟读)他的职业是什么?

S:邮政局投递员。

T:就是邮递员对不对? 看看他的工作内容:20 年来每年投递报纸 8000 多份,杂志 700 多份,邮件 1500 多份,包裹 600 多件,在雪域高原跋涉了 26 万公里,相当于走了 21 趟两万五千里长征,绕地球赤道六圈,投递的准确率达到了 100% 。他是一名投递员,也是 2005 年度感动中国的获奖者,这是他的颁奖词,我想找一个同学给大家读一下,咱们班谁的朗读比较好?

S:×××。

T:好的! ×××同学来吧!

(学生朗读颁奖词。)

T:今天我们就来讲一个王顺友式的人物,他叫……

S:信客!

T:信客!(板书课题)谁写的?

S:余秋雨。

T:大家都预习了么? 看过这篇文章么?

S:看了(没看)。

T:好,我们先来看一下余秋雨,生于 1946 年,浙江余姚人。我国当代著名艺术理论家、文化史学家、散文家。主要著作有《戏剧理论史稿》《艺术创造工程》《文化苦旅》《文明的碎片》《秋雨散文》《山居笔记》。大家记下来了么? 这些代表作大家听过哪个?

(学生纷纷说。)

S:老师好像还有什么《还我一生》。

T:《还我一生》?

S:还是《借我一生》?

T:回去查查。记好了么? 只要把主要作品记下来就好了。好了么,这几个字? 我们来看一下字词,咱们怎么读呢? 从这边开始吧,这位同学,一个一个地。

(老师依次矫正读音。)

T:下面我要和大家看一些字词的解释,大家不要全都记,没有必要,把不会的记下来。

S:作业要写呀。

T:一会儿下课我再给大家时间记好么?

S:不好!(笑)

T:下面我们来看这个了啊(出示课件)。

S:唉——!

T:大家知道这些词是什么意思吗都?

（七嘴八舌，教师念一遍解词，其间略微穿插举例。）

T：大家把词记下来，等下午自习课再给大家时间抄。

T：本来我想让大家把这些词先抄下来，今天提问的，但是……

S：什么时候？

T：周六周日。但是，但是这个事儿比较突然，所以今天这个作业明天大家写好交上来，好吧？晚上自习课的时候大家一起抄。好，现在，字词我们就到这儿了，我们就先停了，停！不要再抄了啊，现在我们来进入课文，《信客》。首先我们先认识一下信客，什么叫做信客，信客是什么职业，课本上有注释对不对？看看你们课本上的注释。

（学生七嘴八舌念。）

T：所以他的任务是什么？

S：通信。

T：通信对不对？好！现在我想给大家一点儿时间，大家再快速地读一下课文，因为有的同学没读过，一会儿我们要来一个快问快答。快点儿进入你们的课文，读一下。

（学生默读。）

T：这篇课文不算短，所以大家要抓紧一点儿时间。

T：好，大家读完了吗？我们来看一下，第一个问题：文中写了几个信客？

S：两个。

T：两个。重点写了哪一个？

S：年轻的。

T：年轻的。年轻信客开始的时候是否愿意做信客？

S：不愿意。

T：不愿意，那他为什么又愿意了呢？

（学生七嘴八舌。）

T：老人跟他讲得那么细？老人跟他讲得细他就愿意啦？如果有一个人，

成天像唐僧一样在你耳边叨唠,你会答应去做他让你做的事情吗?

S:不会。

T:为什么他愿意了? 老人讲得细他就愿意吗? 看第 7 自然段,刚才有同学说第 7 自然段。你看啊,"可是,听老人讲……"是,老人讲得细,可是更深层次的呢? (学生:他想回绝。)他是不是被老人的这种细所感动了? 如果他说的话不感动你,你只会觉得他烦对不对? 他讲得再细你也不会说,好吧,我去做信客吧,对不对? 所以,他被老人的精神所——感——动——了。那么,我现在想问,年轻的信客答应了老信客去继承他的事业,做一名信客,那么,他做了一辈子吗?

(学生默然。)

T:他是否坚守了他的一生呢? 他有没有坚守了一生?

(依旧默然。)

T:看一下,他是不是做了一辈子的信客?

S:没有。

T:没有。那么他为什么没有坚守一生呢? 现在给大家一些时间,自己回到文章中划出你认为信客之所以没有坚守一生的原因。一会儿找同学来说一下,好吧? 找一找,信客为什么没有坚守一生?

(学生划书,教师在行间巡行。)

T:好,时间到。我们来说说,边说边看。有谁找到了么? 一个都没有啊? 来,这位同学!

S:在 23 自然段。

T:大家看 23 自然段。

S:信客他到老信客坟头烧了香。他说,这条路越来越凶险,我已经撑持不了。

T:所以你认为是什么原因?

S:是因为,就是说,他在给人送信的过程当中,觉得越来越有危险,而且现在社会变得也太快了,觉得自己承受不了了,就不做信客这个职业了。

T:好,你认为一个原因是"凶险",我可以这么说么? 这是书上的词对不对?(板书)还有吗? 找一找,信客为什么不做信客啦?

S:有一次他送信给一个同乡。因为那个人发财了,在城里又找了一个,为了哄那个女孩儿,就把信客给,把他给……

T:把他给怎么样? 打了他对不对?

S:(有学生小声说)那不就是凶险吗?

T:啊,这同学说:那不就是凶险吗? 这是凶险吗?

S:不是。

T:这样吧,我们问:你认为什么是凶险? 书中哪些事情体现出了凶险?(有学生小声说"人心",教师没注意到。)书中写了什么事情表现出年轻信客说的"这条路越来越凶险"? 来,这位同学!

S:我觉得他说的越来越凶险,就是那个死者遗物……

T:啊,你说死者遗物。这件事应该怎么说? 我说他去报丧可不可以? 他去报丧体现出了凶险。好,还有别的事情体现凶险吗?

S:挨打。

T:挨打(板书)。好,请坐! 还有别的原因吗?("原因"老师用了重音,意在暗示学生是该考虑别的方面了,然后引导。)报丧、挨打(指板书)体现出了做信客很凶险,所以他没有坚守一生,改行了。还有别的原因体现出他没有坚守一生的原因吗? 别的语言,书中写到的? 他身体怎么样? 他的身体适合做信客吗?

S:后来也犯了胃病和风湿病。

T:他老犯胃病和风湿病,所以他身体不好对不对?(板书)我说他身体有疾病,身体疾苦,这也是他不做信客的一个原因对不对? 再找找。

S:代写信。

T:代写信? 这是他不做信客的原因吗?

S:不是。

T:开动你们的小脑筋,想一想,为什么他不做信客了?

S:还有就是"都市里的升沉荣辱,震颤着长期迟钝的农村神经系统,他是最敏感的神经末梢。"就是他受不了,做不了这两个……城市和农村之间的纽带。

T:做不了它们之间的纽带,所以说这个工作怎么样?他胜任不了做信客这个工作一直夹在农村和城市的冲撞之间,对不对?他的心灵怎么样?

S:脆弱。(笑)

T:他的心灵备受折磨,对不对?因为农村的人不了解城市,他是唯一的窗口,所以他的心灵……备受折磨,他的心灵很痛苦。(板书)还有吗?再找一找。我读一段话,大家看看是说的什么。看第6段:"把这一切都说完了,老信客又告诉他沿途可住哪几家小旅馆,旅馆里哪个茶房可以信托,还有各处吃食,哪一个摊子的大饼最厚实,哪一家小店可以光买米饭不买菜。"说的什么?信客这个职业怎么样?

S:生活艰苦。

T:生活艰苦,很贫穷对不对?你去吃饭不会光买米饭不买菜对不对?大家恨不得光买菜不买米饭,所他的生活很贫穷对不对?我说他生活很贫苦(板书)。好,信客这个职业很凶险,动不动就要受委屈;他还有病,他有胃病和风湿病;他的心灵又经常遭受折磨,经常受委屈;他的生活又很贫苦,收入很低。大家看看,信客在这样一个条件下,一个情况下,他做了多少年的信客?

S:二三十年。

T:二三十年对不对?看第1段,已经长途跋涉了二三十年。二三十年是一个什么样的时间概念?你还没有活到二三十年对不对?再活你这个岁数就是二三十年了。这么长的时间!那么,信客具有什么样的品格能让他在这么苦的条件下坚持二三十年呢?大家想一想,现在再次回到书中,划一划体现信客性格的句子。想一想信客具有什么样的品性,让他坚持了二三十年?前后桌可以讨论。

(学生讨论。)

T:好,说一说,谁来说? 信客具有什么样的品质,能让他撑过这二三十年的艰苦、凶险?

S:老师是按顺序说还是……

T:都可以,随你!

S:哦,那最明显的是 87 页第 31 自然段。

T:第 31 自然段。

S:就是说这个信客后来不做信客,开始当老师了。最难能可贵的是,他深察世故人情,很能体谅人。这就说出了……他之所以深察世故人情,是因为当初他从事信客这个职业;又很能体谅人,这一点在之前他被人误会、被打而没有传扬就可以看出,说明这是一个善良、宽容的人。

T:我听到了善良、宽容,(学生:深察世故人情。)……深察世故人情(板书),还有吗?

S:还有第 18 自然段:"老信客说过,这乡间不能没有信客。做信客的,就得挑着一副生死祸福的重担,来回奔忙。"说明他是很有责任感的。

T:有责任心(板书),行吗?

S:有为人服务的意识。

T:从哪儿看出他有为人服务的意识?

S:就是"这乡间不能没有信客"。

T:别人都不愿意干他去了,对不对? 还有吗?

S:第 18 自然段:"说什么我也是同乡,能不尽一点儿乡情乡谊?"这应该说明他比较重感情。

T:重感情,好,还有吗? 这边同学,来!

S:第 7 自然段:"重头至尾,年轻人都没有答应过接班。可是听老人讲了这么多,讲得这么细,他也不再回绝。"他原本一开始就不是特别想当这个信客的,但是因为听老信客讲了很多之后,他就答应了他。到后来他一直做了二三十年,说明他是一个很守信用的人。

T:守信用,大家同意吗?(板书)还有吗? 大家看第16自然段,写的是什么? 写的是他报丧的一件事儿是不是? 这个人是他杀的吗? 不是。跟他一点儿关系都没有,他只是一个送信的人,说你家的人去世了,可是家属是怎么对待他的?

S:憎恨!

T:看一下书,第16段的倒数第三行。憎恨城市,憎恨外出,连带地也憎恨信客。他怎么样? 对他大声地呵斥,他怎么样?(学生:"低眉顺眼,连声诺诺。")体现出他的什么品性? 他对待工作怎么样? 别人对他无理地呵斥,他却低眉顺眼、连声诺诺,明明不是他的错,他说:"对,对!"为什么? 表现了他对工作怎么样? 任劳任怨,可以吗?(板书)他没有任何怨言地接受了,因为信客知道这是他的工作,这是他的职业,他接受了,他是一个任劳任怨的人。大家看啊(指板书),一个重感情的、善良宽容的、深察世故、有责任心的、会为人服务的、守信用的、任劳任怨的信客,在他的又凶险,身体又有病,心灵还备受折磨,生活又很贫苦的情况下,做了二三十年的信客,现在想一下,如果是你的话,如果你是这个信客的话,你能坚持这么长时间么?

S:不能(有学生小声说)。不能(接着多数说)。

T:可以么?

S:(大家)不可以。

T:为什么他可以? 我们和信客相比,我们少了什么? 或者说他多了什么?

S:坚强(有学生小声说)。

T:他多了什么是我们没有的?

S:坚持不懈。

T：坚持不懈,好,还有吗？看一看。

S：默默奉献。

T：默默奉献,嗯。他只有坚持不懈和默默奉献是我们没有的么？我们和信客相比缺少了些什么？坚持不懈,和默默奉献……好,我们来看,信客没有坚持一辈子对不对？

S：嗯。

T：那这代表他是失败的么？

S：不是。

T：和我们每一个人相比,他做了二三十年,他就是一个伟大的、值得我们去敬仰的胜利者。因为我们连二三十年都做不到对不对？我觉得如果是我的话两三年都做不到。

S：一个月都做不到。

T：一个月都受不了对不对？他只是一个平凡得不能再平凡的人,但是他却坚持了二三十年。他只是一个普通的人,一个真实的人,他不是完人,更不是圣人,但是他已经在用他的行动来涤荡着我们每一个读者的心,让我们每一个人都在思考,在心灵的刻度上我们离信客有多远？刚才那位同学说到了他坚持不懈,所以我们要学会坚持不懈。现在,我觉得这篇课文讲到这里已经可以了,这段话是我想告诉大家的,我想找一个同学来读一下？我点一个！×××。

（学生读：通过欣赏余秋雨的《信客》,让我们明白了普通的人也能以崇高的方式生存。信客虽然走了,但他带不走的是一个善良的人在我们每个人心中刻下的深深烙印,带不走的是他在生命的辞典中教会我们如何写一个人字。希望同学们通过学这篇文章都能知道如何真正写一个人。）

T：好,如何真正地写一个人？要怎么样做一个人？做一个怎么样的人？像信客那样对不对？我给大家留一个思考题,余秋雨先生大家之前认识吗？

S：不认识。

T：大家读过他的什么文章？余秋雨的散文是很有特色的，我希望你们课下的时候在这篇《信客》的文章中摘抄两句你认为很精彩的语句，并简要说说它的美感，我们把它当做今天的一项作业好不好？明天我会把咱们班的作业收上来看看大家对散文语言的鉴赏能力怎么样？现在，刚才大家不是没有抄完字词么，现在给大家时间抄一下。

（教师再读一遍，让大家抄。）

小韩老师《信客》教学实录

T：上课！同学们好！

S：老师好！

T：今天我们来讲的这篇课文是《信客》，作者余秋雨。余秋雨先生跟咱们之前讲的《台阶》的作者李森祥还不太一样，余秋雨先生属于中考一个重点的考点，所以一定要注意对他的一些评价，还有作家作品的一些关联一定要注意一下，所以余秋雨先生这篇的作者简介我找得也比较详细，有两张，找一位同学来读一下。×××，来读一下！

S：余秋雨，文化史学家、文学家、散文家，1968 年毕业于上海戏剧学院戏剧文学系，曾任上海戏剧学院院长，教授，上海剧协副主席。1962 年开始发表作品，1991 年加入中国作家协会。

T：看一下第二张，还有，他的一些作品。

S：著有系列散文《文化苦旅》《山居笔记》《霜冷长河》《千年一叹》《行者无疆》等，长篇有《借我一生》《我等不到了》等，学术专著《戏剧理论史稿》《戏剧审美心理学》《中国戏剧文化史述》《艺术创造工程》《中国戏剧史》《艺术创造论》《观众心理学》等，在海内外出版过史论、专著多部，曾被授予"国家级

169

突出贡献专家""上海市十大高教精英"等荣誉称号,现在还担任"久久读书俱乐部"的荣誉董事长。《信客》被选入人教版初二上册语文教材。

T:注意一下啊,《信客》这篇文章是选自余秋雨这上边的哪部散文集知道吗?《文化苦旅》啊,一定注意,要与它关联上。《信客》这篇文章选自余秋雨先生的散文集《文化苦旅》。那么结合到上周的一个考试题,那道题说这个《信客》是一篇小说明显就不对,是吧?它的体裁明显是散文,对吧?那我们进入到这篇课文的一个生字词的预习。看一下,我们之前让大家写作业了,把作业本儿都打开,打开到咱们预习生字的那页,都写了吧?

S:(齐)嗯。

T:检查一下啊,咱们从第一排开始。×××,把你的作业本儿打开!××,从你开始吧,一人读一个。

(学生按顺序读生字。)

T:下面检查一下同学们对课文,文章的理解情况。我这儿准备了几个小问题,一会儿小问题会一个一个出来,不用同学们举手,在座位上你们有知道答案的直接说就行了。那首先第一个问题,文章中写了几个信客?

S:俩。

T:两个是吧。那么重点写了哪个?

(学生七嘴八舌。)

T:年轻的信客,也可以说是新信客、小信客,对吧?那么年轻的信客是不是一开始就愿意接手这份工作呢?

S:不愿意。

T:不愿意对不对?那他后来为什么接受了呢?

S:不好拒绝。

T:是不好拒绝吗?我跟你说了你就一定要接受吗?(七嘴八舌)被老信客的什么?他的一种精神、一种品德所打动了对不对?所以他愿意接受这份工作。那么补充问一个问题,新信客为这份工作坚守一生了么?

S:没有。

T:没有对不对? 具体为什么没有,这就是我们这节课最后要落实的一个问题。那首先进入《信客》这篇课文。在我们现在的这个,社会发展的情况下,咱们的电信行业已经非常发达了,我们平常交流只要用手机发一封短信、打一通电话就可以解决一切的问题,那么很难想象在 20 世纪初农村和城市之间是没有这种通讯架构的,也就是说当时农村和城市之间的联系只有靠一个特殊的职业,也就是信客,那么接下来我们就深入了解一下这篇文章中说的"信客"到底是一个什么样的职业? 请同学们打开课本,打开到第 10 课《信客》。首先我们还是分段来了解一下这篇课文,首先看第一部分,请同学们阅读文章的 1—11 自然段,也就是第一部分,划出有关描写信客生活和工作的语句,并思考信客这个职业有什么样的特点? 给大家两分钟时间默读一下,一定划出他生活和工作的有关语句。

(学生默读、划书;教师在行间巡行。)

T:划完了啊,哪位同学给说一下? ××,说一下,找到了什么,关于描写信客生活和工作的?

S:第 2 节,他说他以前读过私塾,年长后外出闯码头。这应该是他原来的生活。

T:说明了什么? 能分析出什么?

S:说明他在当信客之前干过很多职业。

T:干过很多职业,读过私塾,最起码就是说他有一些知识对不对? 还有没有? ××,来!

S:我体会就是信客这个职业的特点就在第 7 自然段(T:第 7 自然段),"信客信客,就在一个信字,千万别学我。"做信客是要讲究一个诚信的。

T:就是这个职业对道德品质的要求非常高对不对? 首先就是要讲诚信对不对? 好,请坐(板书)。还有没有描写他生活、工作状态的文字呢? 有没有? 想一想。刚才我看同学划到了,第 1 段有一句话用得非常好,第 1 段作者是怎么说的？"长途跋涉"，说明他工作的状态是怎么样的呢？

（学生七嘴八舌。）

T：很艰辛对不对？天天需要到处去跑，很艰苦，生活很艰苦（板书）。那么就是这么样一种生活状态，他的收入高吗？这个职业的收入高吗？

S：不高。

T：从哪儿看出来的？来，×××说一下。

S：就是那个老信客，有一次他送了一个红绸，因为他比较穷，他想就剪一小段儿拿回家去……

T：他连买这么一小段红绸的钱都没有对不对？好，找到了这一点，请坐！还有没有？谁还能说一下？

S：在第3自然段最后，"但他的家，破烂灰黯，值钱的东西一无所有。"

T：你是说他家的情况，那么通过他的语言还有没有？通过他与小信客的对话有没有说明他收入微薄的呢？

S：在第8段最后，"老人说不，我去看坟场，能糊口……"后面就不是了。我觉得前面从"糊口"两个字能看出来……

T：就是他的生活只能靠糊口过活，不能谈得上富裕或者怎么样，都没有。还有没有？来这边，来说一下！

S：第6自然段有一段就是说，老信客又告诉他沿途可住哪几家小旅馆，旅馆里哪个茶房可以信托，还有各处吃食，哪一个摊子的大饼最厚实，哪一家小店可以光买米饭不买菜。说明他每次出去，有的时候就是连菜都买不起，只能……

T：只能干吃饭对不对？填饱肚子就可以了，谈不上生活有什么丰富多彩，能吃饱就可以了，收入很微薄对吧？（板书）那么看信客这个职业，首先非常讲诚信，那么生活方面呢？收入很微薄，而且非常艰苦……那么就是这样一个职业，他遇到的人和事又会是怎么样的呢？文章的第17—23自然段重点描写了两件事，第一件事是把遗物送去这件事，第二件事是给发了财的同

172

乡送信。看一下我这个问题,阅读17—23自然段,请同学们思考,把遗物送去这件事的危难体现在哪儿? 那么给发了财的同乡送信这件事的凶险又体现在哪儿? 年轻的信客面对的人有着怎么样的特点? 还是默读这几个自然段,问题比较多,一会儿咱们一件事一件事地梳理。先把17—23自然段读一下,大家快速地读一下。想一想,危难在哪儿? 凶险又在哪儿? 他面对的人有什么样的特点?

(学生默读,教师巡视。)

T:有一些同学已经找到了啊,来,看一下第一件事儿,送遗物这件事,它的危难体现在哪儿呢? 好,哪位同学找到了? ××说一下。

S:17自然段,他把遗物送到农村妇女那里,他们没有一个相信只有这一点点,都对信客感到疑惑。

T:可能从中做手脚了对不对? 好,请坐。信客把遗物送去这件事,送去以后,村里的人对他是怎么样的一种反应呢? 怀疑对不对? 不信任。不仅仅是怀疑和不信任吧? 往后看"红红的眼圈里射出了疑惑的利剑"对不对? 眼神很犀利对不对? 之后,提出的结论每每使他无从作答,信客接触的人和事多不多?

S:多(不多)。

T:他天天长途跋涉、走南闯北,他接触的人和事多吗?

S:多。

T:那面对几个农村妇女的提问无从回答,就是已经说不出话来了对不对? 可见这个农村妇女对信客,除了怀疑、不信任以外,更多的是什么? 一种责难对不对? 对他有一种责难,觉得绝对不止这么点儿! 你肯定是从中做手脚了对不对? 不信任的一种感觉。接着看第二件事,给发了财的同乡送信这件事,凶险又体现在哪儿呢? 有没有找到? 哪儿写着这件事儿非常凶险呢?

S:20自然段,发了财的同乡找了一个女的。他不敢说这件事,最后他进去,说这是你老婆的信,当时他找的那个女的非常地生气吧,最后就是把他带到巡捕房里去了。这件事就是说明,稍微处理不好的话就会被人家冤枉。

T:现在他被没被冤枉啊?

S:嗯,被冤枉了。

T:已经被冤枉了对不对? 他只是一个信客,他是去给发了财的同乡送信,送信这件事本来没有错,结果竟然被诬陷了,竟然被送到了巡捕房对不对?

S:嗯。

T:很好,请坐。那同学们看一下,发了财的同乡这个人用词来形容一下,这是一个怎么样的人啊? 他有着怎么样的特点? 有没有想到? 这个人怎么样? 现在想一下,我去给你送信,结果你反咬我一口,还把我送到巡捕房,那这个人是一个什么样的人啊? 大胆地说,没事儿!

(学生七嘴八舌。)

T:没良心,有同学说不要脸,对不对? 那从字面上怎么说的? 就是非常地卑鄙无耻对不对这个人? 那么通过这两件事我们看到,信客遇到的人和事具有这样的特点,那么在面对这些人和事的时候,信客又是怎么处理的呢? 再花两分钟时间,再重读一下 17—23 自然段,注意现在的视角是落在信客身上,看一看信客面对这些人和事,他是怎么处理的? 信客具有怎么样的特点? 还是这几个自然段,注意你们的眼光,要落在信客身上。

(学生默读课文,教师巡视。)

T:好了啊,可能已经有同学找到了,来,谁说一下? 就第一件事,把遗物送去这件事,信客最后是怎么处理的? ×××,来说一下。

S:第 18 自然段。那些妇女问他问题,他流了几身汗,陪了许多罪,才满脸晦气地走出了死者的家。

T:满脸晦气地走出了死者的家对不对? 灰头土脸地就走了。还有没有? 就只到这块儿吗?

S:他只好柔声地汇报在上海处置后事的情况,农村妇女完全不知道上海社会,提出的诘问每每使他无从回答。

T:他非常……感觉自己好像理亏是不是？其实没有。但他还是非常和颜悦色地把这个情况跟乡里的人说了一下。那通过这件事,大家想一下,信客这个人,通过这件事的处理,显示他有什么样的特点啊？首先他处理这件事的原则是什么？文章中有句话说得非常好,他觉得尽了某种义务——怎么样的义务呢？

S:乡情乡谊。

T:乡情乡谊对不对？文章中说得很好,"说什么也是同乡,能不尽一点儿乡情乡谊?"他觉得他为人的本责应该是讲情义对不对？必须要尽到乡情乡谊。(板书)那么还有一个词大家想一下,这件事,他不畏艰苦,不管怎么艰苦,不管别人怎么埋怨他,他也要坚持把这件事做完、做好,这是一种什么精神？有没有想到这个词？

T:什么？敬业？还有没有？负责。想一下啊,被人埋怨也无所谓,是什么？

S:包容。

T:包容……可以是包容,还有一个词非常地好,先不说包容这个词了,想一下,任劳任怨这个词,想一下什么意思？是不是像我刚才说的,不畏艰苦,别人怎么埋怨怎么责难都没事儿,但我一定要把这件事儿做好对不对？这是一种任劳任怨的精神,有没有感受到？任劳任怨对不对？(板书)很好！看一下第二件事,给发了财的同乡送信这件事他又是怎么处理的呢？面对种种的责难、诬陷他又是怎么处理的呢？有没有人找到？看一下,×××说一下。

S:第22节。

T:22节！

S:他向警官解释了自己的身份,还拿出其他许多同乡的地址作为证明。传唤来的同乡集资把他保了出来,问他事由,他只说自己一时糊涂,走错了人家。他不想让颠沛在外的同乡蒙受阴影。

T:他只说自己一时糊涂走错了人家对不对？实际他走错了吗？

S:没有。

T:那他为什么要这么说呢？

S:因为他善良,他……

T:善良对不对？这人善良(板书)。

S:他不想让自己同乡的人知道外面的邪恶。

T:是他不想让自己同乡的人知道外面的邪恶吗？他为什么没有直接冲上去？因为这件事本来已经这样了,他为什么不冲上去直接跟他的同乡理论呢？跟他说,发生口角,或者怎么样！你想,看他就是有外遇了对不对？那为什么还给他留面子呢？是不是很为他人着想啊？同乡在外面吃苦受累打拼,虽然挣了钱,但是他很辛苦对不对？不能让他的生活因为我的到来,因为这封信而有什么变化,为他人着想是不是这种思想啊？请坐！(板书)

T:还有没有？想一下。好,×××。

S:之前,20自然段,发了财的同乡知道他一来就会坏事,故意装作不认识,厉声质问他是什么人,这一下把他惹火了,立即大叫,这是你老婆的信！

T:之前对不对？

T:欸,这句话现在他是用什么样的感情在说这句话呢？

S:很愤怒。

T:很愤怒他就应该直接去跟他理论啊,他有吗？

S:没有。

T:他是不是还想要给他留面子呀？那这句话说出来的时候他应该是一个怎么样的语气？比较复杂、纠结对不对？而且呢,无奈吧对这件事？再读一下！想一下这句话应该怎么读？

(学生尝试朗读,效果好多了。)

T:刚才他讲的是什么？是这个信客被诬陷进去以后,同乡把他保出来他所做的一些解释对不对？那在信客刚进入这个发了财的同乡的家门,他所做的一些事儿,也是信客对这个事儿的处理对不对,那么也能体现出信客为人着想、善良的本质对不对? 那通过上述我们对他的职业还有这两件事的分析,信客这个人的特点大家有没有一个了解啊? 是不是我们黑板上写的这些? 首先他的道德品质非常高,很讲诚信;在生活方面,艰苦,收入微薄,但他自己是一个讲情义、任劳任怨、善良、为人着想的人,这就是信客这个人物的性格特点。既然信客是这种特点,他面对的人和事又是那样一种环境,那么我们看看,我从文章中找了两句话,咱们一起读一下,一会儿大家讨论一下,你从这两句话中看出了什么? 首先看第一句,我们全班一起读一下,"老人逼着他……"一、二!

(全班齐读。)

T:小组讨论一下,把这个问题讨论一下。

(小组讨论,教师巡视。)

T:好啦! 谁来说一下? 有没有考虑好的? 社会风气感觉有什么变化没有?

S:开始寄信来往只是聊家常,之后因为受到城里影响,农民的风气没有那么淳朴了。

T:没那么淳朴了,哪儿看出来的?

S:那些眼神都是羡慕和嫉妒。

T:眼神变了,通过眼神看出来的。那么信客所带回来的城里人寄回来的东西是什么东西?

(学生七嘴八舌。)

T:辛勤的汗水换来的对不对? 这里边是不是饱含着真情? 饱含着对家中人的思念和惦记对不对? 他们应该去嘲讽、应该去轻蔑吗?

S:不应该。

T:他们更注重的应该是什么? 这里头的心意对不对? 而现在看一下这句话,从他们的眼神里看出来,他们更注重的是什么? 物品的价值对不对?

更注重它的物质性而不是它的精神性,那这种贪婪的心是不是表露无遗了?
社会的风气是不是有所变化? 农民还那么淳朴吗? 包括城市的人,看第一件
事,看城市各个码头的变化,坏事多于好事,是不是说明城市的风气也在变化
对不对? 世风日下了对不对? 有没有这种感觉? 那么看一下,横向地看一
下,都看黑板啊,首先横向地比较一下,给大家梳理一下思路,信客这个职业
沟通的是哪儿?

(学生七嘴八舌。)

T:农村和城市对不对? 纵向上,从时间的概念来比,信客跟谁是有什么
关系的? 有没有想到? 文章中有几个信客?

S:两个。

T:那上边是不是应该是老信客呀? (板书)老信客跟我们现在说的小信
客是什么关系?

S:师徒。

T:小信客具有老信客的什么?

S:品质。

T:品质和精神。那么他们是不是一脉相承的一个关系? 好! 纵向上我
们比较没有问题。横向来看一下,我划两个双箭头,看一下这个箭头应该填
什么? 农村,村里人对信客是什么看法? 怀疑、不信任对不对? (板书)那么
这个做法体现了信客对农村是什么精神? 任劳任怨对不对? 讲情义对不对?
(板书)看这件事,这件事自己来填,看城市对信客是什么? 那个发了财的同
乡对信客怎么样了? 陷害对不对? (板书)那么信客是怎么做的呢? 给他留
面子了,为人着想,包容……体现了他什么品质? 善良对不对? 我们看一下
这些箭头,每一对箭头都是一个什么事件啊? 是不是相互矛盾的对不对? 农
村对信客不信任,信客回报的是任劳任怨;同样地,城市诬陷信客,有蔑视,那
么信客回报给城市的是什么? 是包容,是为人着想,是善良……这每一对都
是很大的矛盾,那信客的本质是善良的、任劳任怨的、讲情义、为人着想,是我

们刚才分析出来的;那他工作的环境,这个社会,现在又变得怎么样啊? 贪婪了,攀比之心越来越强,这符合信客的本性吗?

S:不符合。

T:那他工作在这种环境压力大不大?

S:大!

T:跟社会和人的冲突明不明显啊?

S:明显。

T:那他坚持、再坚持,最后还坚持得住吗?

S:坚持不住了。

T:文章怎么说的? 最后他怎么样了?

(学生七嘴八舌读书。)

T:第4段,给大家一分钟时间读一下,想一下它跟前面是什么关系? 表达了作者什么样的思想感情呢?

(学生默读,教师巡行,不时启发。)

(下课铃响了。)

T:最后一段我先给大家说一下,具体的中心大家回去想一下。信客这个职业已经消失了,那他的美德是否也跟着消失了呢?

S:没有。

T:没有吗? 其实已经消失了。信客消失了,他的美德也消失了,但是作者希望他消失吗?

S:不希望。

T:那第4段是干吗? 是不是设计了这么一个环节让信客再次出现在人们面前啊? 他变成了一个什么职业?

S:教师。

T:教师是干什么的?

S:教……

T:教书育人的对不对？那么他的精神能不能一代一代随着他教师的生涯传下去啊？

S:能。

T:这是不是作者的一种希望啊？作者的一种理想对不对？包括余秋雨的很多文章，课下同学们也可以读一下，都是这种形态的文章，就是他在呼吁，让人们想到一个已经被遗忘的精神，重拾美德。好，这节课就上到这儿。

小秦老师《台阶》教学实录

T:人生是一截一截台阶，有人说台阶高主人的地位就高，下面咱们大家就来一起看一下，《台阶》中的主人公为了造好有高台阶的屋子，都做了怎样的努力？首先咱们来看一下《台阶》的作者李森祥，大家记一下他的名字就可以了，李森祥。接下来咱们来看一下咱们的教学目标，积累掌握重点字词，把握课文的内容；第二个，探究父亲的形象特点；第三个，把握作者刻画人物的方法。首先我来检查一下咱们同学课下的预习情况。我在课下的时候给同学们留了作业，让大家预习生字词。×××同学，从你这儿开始，挨个儿读一下。

（学生依次读生字。）

T:咱们同学的复习情况有待加强啊。接下来给同学两分钟的时间记一下，一会儿我找同学上来听写。

（组织听写。）

T:咱们同学的记忆力还是很强的啊。现在呢请同学们打开书第67页，大家来看一下《台阶》。现在给大家两分钟时间，快速地默读一下全文，回答这样两个问题，第一个，本文围绕什么来写的？第二个问题，叙述了一件什么事儿？快速地默读一下课文，《台阶》，第67页。给大家两分钟的时间啊。

(巡视。)

T:好了,现在我找同学来回答这两个问题。第一个,本文围绕什么来写的? ×××同学,你来回答一下。

S:父亲觉得我们家的台阶低,然后去建新台阶。

T:一个词儿,两个字,概括一下,围绕什么? 以什么为线索? 看一下,题目,题目叫什么?

S:台阶。

T:大点声儿!

S:台阶!

T:行,请坐。本文主要是围绕台阶来写的,以台阶为线索。叙述了一件什么事儿呢? ×××同学,你来答一下吧。

S:它叙述了一件老父亲向往高地位,从而建造一个高的台阶……

T:对,回答得挺好的。还有吗? 谁还有意见吗? 还有别的想法吗? ×××同学有吗?

S:我觉得简单一点儿说就是建造台阶的过程,起因、经过、结果。

T:嗯,请坐。还有吗? ×××同学!

S:就是写父亲造台阶,从准备,到造完的过程。

T:请坐。大家都回答得很简练啊。好,我们来看一下正确答案,本文围绕什么来写的? 台阶。第二个,本文主要叙述了什么事情呢? 父亲觉得自家的台阶低,望着别人家高高的台阶羡慕不已,他不甘心低人一等,立下宏愿也要造一栋有高台阶的新屋,于是终年辛劳,积铢累寸,准备了大半辈子,终于造出了有高台阶的新屋。新屋落成了,父亲的人也老了,身体也衰落了、也垮了。好了,现在咱们同学继续打开课文,咱们重新再看一遍,仔细地读一下课文。同学们在之前的课上,已经学过了《背影》,还有《信客》这两课,也了解了一些刻画人物形象的方法,大家都知道刻画人物形象的方法,我们可以从神态、外貌、语言、行为、心理这几个方面刻画人物形象,本单元的重点也是在这些方面,现在咱们同学就来一起读课文,看一下,文中有哪些动作、行为表现了父亲的形象? 通过这些行为我们可以看出父亲有怎样的形象? 在课下老师已经把文章分成了三个部分,提前告诉咱们同学了,大家看一下(出示课件),我是以造台阶为线索把课文分成三个部分,造台阶前是第一部分,1—9自然段;第二部分是 10—23 自然段,准备造台阶——父亲是怎样准备造台阶的? 做了哪些努力? 第三部分 24—32 自然段,父亲在造好台阶后,他有哪些变化,有哪些表现?(边说边板书)现在请同学们快速看一下 1—9 自然段,找出表现父亲性格的句子,划出来。快速地找一下,然后呢,表现了父亲怎样的性格? 思考一下。运用了什么刻画人物的方法? 这三个问题,大家带着这三个问题快速地阅读一下,划一下。

(学生默读,教师板书。)

T:快速地找一下第 1—9 自然段,造台阶前有哪些行为能够突出父亲的性格? 用什么方法刻画的? 总结出父亲的性格特点。

T:大家找完了吗? 找完同学请举手示意一下啊。好了,哪位同学来回答一下? 第 1—9 自然段你找到了哪些能够表现父亲性格的句子? ××同学。在第几段? 读一下这个句子。第几段、第几行。

S:第 7 段,不是,第 9 段,父亲老实厚道低眉顺眼了一辈子,没人说过他有地位,父亲也从没觉得自己有地位。但他日夜盼着,准备着要造一栋有高台阶的新屋。

T:找得很正确。这是采用了什么方法呢? 对父亲的刻画……有吗?

S:我觉得是心理吧?

T:没有吧,这只是儿子对父亲的一种评价,他老实厚道低眉顺眼了一辈子,但是我们可以从中看出父亲有怎样的形象、怎样的性格?

S:老实厚道。

T:对,老实厚道(板书)。还有吗? 你看啊,这句话,第 9 自然段,你刚才读了,但他"日夜盼着、准备着要造一栋有高台阶的新屋",父亲为什么要造一栋有高台阶的新屋? 为什么?

S:因为……(嗫嚅着说不出来)

T:拿书看一下,为什么? 接着往上看一下,有没有? 文中有没有说明? 为什么要造一座有高台阶的新屋呢? ×××

S:因为他想站在高的地方,就是想得到别人的尊重。

T:有原话吗文中? 第几段?

S:嗯——第8段。

T:对,第8段,给大家读一下。

S:在我们家乡,住家门口总有台阶,高低不尽相同,从二三级到十几级的都有。家乡地势低,屋基做高些,不大容易进水。另外还有一说,台阶高,屋主人的地位就相应高。乡邻们在一起常常戏称,你们家的台阶高! 言外之意,就是你们家有地位啊。

T:请坐。找得挺对的。那么从这个点咱们能推出什么? 台阶高地位就高,我们可以看出父亲有怎样的性格特点?

S:渴望被别人尊重。

T:对,渴望被人尊重。还有呢?

S:不甘人后。

T:对,不甘人后,有没有? 还有吗?

S:强烈的自尊心。

T:对,强烈的自尊心。(板书)要强有没有? 大家想一下有没有? 同学们在1—9自然段还有别的吗? 刻画父亲形象的句子? ××。

S:第67页第2段,只是那一来一去的许多山路,磨破了他一双麻筋草鞋,父亲感到太可惜。

T:这个体现了父亲怎样的性格呢?

S:我觉得是体现他的简朴。

T:对,简朴(板书)。这有没有什么刻画人物的方法,描写人物的方法?

S:嗯——心理,还有……

T:有心理的吧?父亲心里头感到可惜,但是这只是作者心中的一种描述,一种想象吧?父亲可能有一些可惜的神态什么的,咱们可以加上神态。从神态上看出来父亲感到可惜,因为磨破了草鞋。来,请坐。×××同学,还有吗?

S:还是在第67页第2自然段:那个石匠笑着为父亲托在肩膀上,说是能一口气背到家,不收石料钱。结果父亲一下子背了三趟,还没觉得花了太大的力气。这一段我觉得是反映了父亲的争强好胜。

T:争强好胜?要强对吧?要强!

S:然后这里是动作描写。

T:对,动作!表现了父亲的要强,对吧?(板书)他用了动作描写。好,接下来咱们再分析第二部分。父亲在准备阶段都做了哪些事情?请同学们看一下10—23自然段,快速地找一下刻画父亲形象的句子,看一下刻画了父亲怎样的性格特点?从这个句子中你能够看出来。给大家两分钟的时间,快速地找一下正确答案。

(学生默读,教师巡视。)

T:动手拿笔划一下。

T:现在找同学回答一下第二部分。××,你找了哪些句子?在第几段?

S:15自然段。

T:大家看一下15段。

S:他砍柴一为家烧,二为卖钱,一元一担。父亲一天砍一担半,得一元五角。那时我不知道山有多远,只知道鸡叫三遍时父亲出发,黄昏贴近家门口时归来,把柴靠在墙根上,很疲倦地坐在台阶上,把已经磨穿了底的草鞋脱下来,垒在门墙边。一个冬天下来,破草鞋堆得超过了台阶。

T:他找得挺准的啊,看一下。砍柴,那他用了什么刻画人物的方法?

S:动作。

T:对,动作。这句话能够看出父亲有怎样的性格呢? 砍柴,把草鞋都磨破了。

S:很有耐心。

T:对,很有耐心,勤劳对不对?(板书)还有吗? ×××,再找一下。

S:我找的是第 12 自然段,父亲挑一担谷子回来,身上淌着一片大汗,顾不得揩一把,就往门口的台阶上一坐。我觉得这块儿能够体现出,因为父亲要造台阶,所以他为了追求自己的理想,不顾辛苦,坚持着,为了完成自己的理想。我觉得应该是用了动作描写。

T:对,动作,有理想对吧? 回答得挺好的。还有吗? 还有哪里有? ××同学。

S:第 69 页第 10 自然段,他今天从地里捡回一块砖,明天又捡回一片瓦,再就是往一个黑瓦罐里塞角票。

T:捡砖瓦,塞角票。

S:这句我觉得应用了动作描写,表现了父亲很有毅力,和为造高台阶的认真。

T:认真,有毅力。还有吗? 还有谁有不同的答案? ×××同学。

S:第 69 页第 11 自然段,一年中七个月在种田,四个月在山里砍柴,半个月捡卵石,剩下半个月用来过年、编草鞋。用的是动作描写,写出了父亲他一年很辛苦。

T:对,这么辛苦,说明父亲他?

S:勤劳,有毅力。

T:对,勤劳、有毅力。还有吗,咱们往后看看,还有吗? ×××同学。

S:72 页第 22 自然段,这一段的最后,写父亲闪了腰了还要自己去抬那个青石板,通过动作描写反映了父亲的倔强。

T:对! 倔强,很好! 请坐。还有吗? ××同学。

S:第 71 页第 21 自然段最后,因而,父亲明明该高兴,却露出些尴尬的笑。这是他已经建好了那个台阶,但是……体现了父亲的敦厚朴实。

T:嗯,挺好的,敦厚朴实对吧? 好请坐。还有吗? 咱们往后看看。差不多了吧? 好,咱们现在看一下最后一部分,父亲在造好台阶后,又有什么表现? 在文中找一下,给大家一分钟时间。新台阶造好了,父亲有什么变化? 有哪些表现? 同学们都找到了哪些? ×××同学。

S:第72页第25段倒数第二句话,泥瓦匠交代,还没怎么大牢呢,小心些才是。这表现出台阶建好后,父亲还是很爱惜的,嘱咐我不要碰。表现了父亲是一个很仔细的人。

T:很小心翼翼对吧? 还有吗? ××。

S:第73页第28自然段,我连忙去抢父亲的担子,他却很粗暴地一把推开我,不要你凑热闹,我连一担水都挑不动吗? 这是动作和语言。

T:对,动作和语言(板书)。什么性格呢?

S:体现父亲的倔强。

T:对,要强对吧? 好,请坐。大家来看一下27段,第三行,他再坐台阶时就比上次低了一级,他总觉得坐太高了和人打招呼有些不自在。大家想一下,父亲为什么感觉不自在? 表现了父亲怎样的性格? ×××说一下。

S:我觉得他是觉得坐得太高了和人打招呼不自在是因为之前一直坐那种矮台阶,现在坐高了不习惯。

T:父亲是一个农民,他感到自己的身份非常的低微。谦逊有没有? 谦虚? 他坐得很高,感觉跟人打招呼就不自在了。以前呢? 特别的习惯坐在低的台阶上,现在呢,跟人家说话可能话都不会说了。好,请坐。还有吗? 还有谁找到句子了吗?

T:好,看来咱们同学找得差不多了。现在请大家看一下老师给写的板书,有点儿乱,老师给大家讲一下。整个课文主要分为三个部分,从台阶前,准备阶段以及台阶后,由这三个部分来贯穿,组成全文,咱们主要是从句子中来推出父亲的形象特点,顺便巩固一下如何刻画人物形象,神态、语言、动作、心理还有外貌。现在来看一张表格,回顾一下刚才所做的事情,看表格来总结一下。(指课件)三级青石板的时候父亲的态度还有身体状况,只有三级青石板父亲坐在台阶上感到很舒服,他的烟枪随便磕,儿子也可以在上面蹦跳,但是因为台阶高屋主人的地位就高,所以父亲立志要造有高台阶的新屋,但是当时父亲的身体状况怎么样啊?大家可以看一下第2段,一口气背青石板背到家,总共背了三遍,但是后边呢,是闪了腰,按着腰。从这些行为可以看出父亲的性格特点,要强、不甘人后,身体条件是年轻、身体强健。现在来看一下第二部分,大家快速地想一下,我找同学填一下,从准备到建造,从态度和身体状况这两个方面来答。×××同学。

S:准备的时候我觉得他很重视那个台阶,然后干什么事都要以台阶为重,就是为了台阶他什么都能干;身体状况就是比造完台阶之后要好,能看出父亲是能够为理想而努力,比较有毅力,是一个要强的人。

T:请坐。咱们看一下正确答案(指课件),准备工作他都做了什么呢?建台阶非常地积极,他捡砖瓦、塞角票;七个月用来种田,四个月砍柴,半个月用来捡卵石,还有半个月用来过年,还要编草鞋,对吧?动工阶段呢?造屋子非常积极,递烟送茶,晚睡早起。造台阶的时候呢?很早就起来了,踏黄泥。再看一下父亲的身体状况,他是按着腰搬青石板,所以从这里边可以看出父亲的身体状况已经有了变化,对吧?表现了父亲怎样的性格特点呢?勤劳,有生活目标,有愚公移山的精神和坚忍不拔的毅力,敢想敢做,吃苦耐劳。这个时候父亲的身体状况呢?我们是从儿子的视角看的,儿子发现父亲老了,大家可以看一下文中的原话,看一下第22段。父亲老了,但是父亲却不自知,对吧?好,现在咱们来看一下第三个问题,在九级台阶造好之后父亲的态度和身体状况。大家快速地回忆一下咱们刚才讲的,父亲的态度,对这个新台阶是什么态度呀?作者想要蹦,他让儿子在台阶上面跳吗?表现了父亲什么样的性格?我找同学答一下。×××同学来答一下。

S:建好台阶之后,父亲让我小心翼翼地。他也是很爱惜,让泥瓦匠每天在上面浇一次水,很精心地照顾台阶。但是他在挑水的时候,身体就已经支持不住了。他以前都是一下子跨三级台阶,现在是九级的,再抬就是很费力气了。

T:哦,请坐,×××同学,你有别的答案吗?

S:没有。

T:××?也没有?谁有?

(学生都没有回答。)

T:那咱们看一下正确答案吧!九级水泥台阶造好后父亲是什么态度呢?感觉坐得太高不自在,和人讲话讲不出来,磕烟枪的时候忍住不磕,儿子想要在台阶上跳,他叮嘱儿子不可以跳,要小心一些。再看一下父亲的身体状况,挑水闪了腰。表现了父亲怎样的性格特点呢?和善、谦卑、朴实厚道。

(下课铃响了。)

T:好了,现在父亲的形象已经总结出来了,我找同学来概括一下,通观全文父亲的形象是怎么样的?谁来概括一下,有没有主动的?没有我可点了啊!×××同学来吧!

S:全篇表现了父亲是一位要强、不甘心、有志气、向往着高地位,因为是农民,所以也很朴实厚道,用自己的努力追求理想,而且非常希望得到他人的尊重,这样一个农民形象。

T:朴实厚道的农民形象,好,请坐。这节课就上到这里,大家记住本节的重点,就是生字、词语,父亲的形象以及如何刻画的,这三个方面。

小燕老师《台阶》教学实录

T:同学们上课,同学们好!

S:老师好!

T:请坐。同学们都预习了新课文《台阶》了吧?

S:预习了!

T:很好! 我就想问大家一个问题:谁来说说你读过这篇文章之后有什么感想想说的? 或者是有什么问题? 谁来说说? 说两句就成,不用深说。没有举手的,那我点了啊。×××! 你随便说就行,不用紧张。

S:……就觉得自己没有老。

T:觉得自己没有老? 嗯,可以。还有什么其他要说的吗? 其他同学呢? 那我再点一个。××,你随便说就行,或者觉得哪儿不明白,就说说。

(学生说不出来。)

T:看了吗?

(学生摇头。)

T:啊,没事儿。我也知道可能大家时间比较紧,没看,那行,你先请坐。那我也知道有一部分同学是预习了的,我先来看一下大家的预习情况,先看一下字词吧。这个字词的注音我先检测一下,从谁开始呢? ×××吧,一个接一个,不用起立,直接说就可以了,快一点儿。

(学生逐一念生字,教师订正;最后让学生齐读两遍。)

T:好,下面大家拿出听写本,或者一张纸也可以,咱们听写。我找一位同学到黑板上写。

(听写。)

T:我们已经检查过字词的预习情况了,下面大家再看原文,默读两分钟,默读完以后,希望大家解决一个问题,用最简短的一句话来概括一下文章的主要内容。给大家一个提示啊,大家可以找谁做了什么? 两分钟时间,大家快速阅读一下。

(学生自读课文。)

T:好,谁来说一说? 读完了吗? 那好,那咱们一块儿来分析一下,这里面既然说的是主要内容,那么这里最主要的人物是谁?

S:父亲。

T:他做了什么?

S:修了新台阶。

T:修了新台阶,对。他修了新台阶这个过程怎么样?

S:很艰辛。

T:艰辛?嗯,很好!刚才×××说得很好。就是父亲建台阶,修得非常辛苦。这个就是文章的主要内容,这样概括就可以了。然后下面,好,我们刚才已经初步地对这个文章有了一个了解,下面我们来进行一个比较深入的探讨,我给大家提出了三个问题:第一个问题就是父亲为什么要建有高台阶的房子?第二个问题就是父亲是如何准备的?做了哪些准备?第三个问题就是建好房子后父亲又有何表现?这上边大家看(课件),我已经把大致的段落分出来了,现在同学们可以两个人或四个人讨论一下。

T:第一个问题好找吗?有谁找到了?父亲为什么要建有高台阶的房子?这个其实在原文中有话,×××说说。

S:在我们家乡,住家门口总有台阶,高低不尽相同,从二三级到十几级的都有。家乡地势低,屋基做高些,不大容易进水。另外还有一说,台阶高,屋主人的地位就相应高。

T:好,大家都同意他的说法吗?他找得非常地准啊,一下子就说出来了。大家说这个台阶代表什么呀?

S:地位。

T:地位,啊,很好很好!大家一下就说出来了,台阶就象征着地位。那么这个父亲是如何准备的?大家看看,那也就是说,他都做了什么?×××来你说。

S:父亲的准备是十分漫长的。他今天从地里捡回一块砖,明天可能又捡进一片瓦,再就是往一个黑瓦罐里塞角票。虽然这些都很微不足道,但他做得很认真。

T:(逐一板书做的事)好,就是捡砖,还有捡瓦,还有塞角票对吧。还有其他同学要说吗? 这里面还有很多啊! 下一段就有。×××想说吗?

S:冬天去山里砍柴。等到塞角票的瓦罐满了几次,门口的鹅卵石堆得小山般高,父亲就选定了一个日子,破土动工。

T:对,砍柴,然后还捡石头。然后,那动工已经到了第多少段?

S:16 段。

T:嗯,16、17,那接着往后还有没有呢? 大家再看一下。17 段有没有? 父亲做的事情都算,父亲做什么了呢? 好,×××。

S:白天他陪请来匠人一起干,晚上他一个人搬砖头、搬泥,筹划材料,干到半夜。然后睡三四个钟头,他又起床安排第二天的活儿。

T:啊,对对对,很好很好! 她刚才说得已经很准确了,有搬石头、搬泥、筹划材料,那这一段也就是父亲做的这些准备。那我们这个问题也过了。第三个问题,建好以后父亲有什么表现? ××想说?

S:父亲有在台阶上抽烟、磕烟灰的习惯,磕一下以后突然想起来这是水泥的,不能磕,就憋住了。

T:憋住了,不在台阶上磕烟了。

S:还有就是父亲挑了一担水,到第四级的时候习惯性地做跨门槛的动作了,然后腰扭了。但是父亲还认为自己还没老。

T:好好,请坐。他刚才说了两个,第一个是不敢再磕烟了,还有一个是坚持挑水扭腰了。那同学们看看 27 段有没有啊? 父亲在干什么? 可以不举手,直接说。父亲在坐……坐什么台阶? ××同学。

S:坐最高的台阶,把脚搁在最低的一级上。

T:他一直坐在最高的台阶上吗? 就没有什么变化?

S:父亲在三级台阶的时候一般都是坐在最高的台阶上,把脚伸在最低的一级上。现在就是……

T:你可以把这个话读下来。

S:现在他再坐的时候就坐低一级,因为他总觉得坐太高了和人打招呼不自在。

T:啊,他觉得不自在。

S:但是低了一级他还是不自在,便一级一级地往下挪,挪到最低的一级,他又觉得太低。他最后到门槛上去坐,但是门槛是母亲的位置。农村里有个风俗,大庭广众之下,夫妇不合坐一条板凳。

T:他又说了一点,就是坐在高台阶上不自在了。很好! 同学们,我们已经大体分析了一下这个文章,分了几个层次,第1—9 自然段,然后10—23段,然后最后一部分是一段。同学们想必已经对这个文章的脉络有一定了解了,对吧? 那么下面我们就来进行最后一个环节,同学们要分析一下,这篇文章最重要的那个人是谁?

S:父亲。

T:对,那我们要分析一下这个父亲的形象。下面四个人一组,讨论一下父亲的形象是什么? 来完成这一道问题。(课件打出要求)完成这个填空题,文中的父亲是个什么样的人? 因为什么? 这里给大家提两点要求,第一个就是父亲的性格是什么样的,父亲是怎么样的人? 因为什么? 我要求大家在原文中找到这个段落,或者说是这句话,或者说是这一部分。好,现在大家开始讨论吧!

(学生讨论,教师巡视。)

T:现在大家停了吧! 我刚才下去看了看,每一组的同学都有了很多的答案,好,××你先说一下你们组的。

S:父亲是个很爱面子的人。一个是从挑水,第28 段,父亲已经扭腰了,我想去帮他,他还说不用,说明他很要面子。还有就是台阶,他想修个新房,把台阶弄高些,显得自己家台阶高,暗示一下自己的地位。

T:(教师板书)那表现了他是一个什么样的人?

S:要面子。

T:好,还是要面子。其他组同学呢?

S:第2自然段,只是那一来一去的许多山路,磨破了他一双麻筋草鞋,父亲感到太可惜。感觉他的生活很清贫,然后节俭。

T:那你能告诉大家说,你用几个词来概括他节俭。就是说,这一段哪几个词最能表现他节俭?

S:可惜。

T:可惜,嗯。还有吗?

S:麻筋草鞋。

T:这能说明他……?(七嘴八舌)哦,就是节俭、简朴。还有吗?

S:您能把问题再说一遍么?

T:就是你用几个词来表达你刚才的意思。

S:就是我认为父亲一直都很节俭,然后……

T:就是哪几个词最能表现出……

S:还有朴实。

T:呵呵,我好像没表达清楚。就是说,你在这一段里找到……比如刚才你说的那个太可惜,他觉得可惜,他觉得穿那种奢侈的东西比较浪费,所以说明他比较朴素。然后再找,类似的这几个,这种词。哦,××,呵呵。(笑是因为这个学生老发言。)

S:父亲就是说,挣钱,第15节,写父亲只有种庄稼,还有砍柴,说明父亲挣钱的方式单一。而且穿的都是草鞋,说明生活淳朴。

T:淳朴,好!(板书)有毅力的人,好(板书)。那其他组呢?×××。

S:还有另外一点,父亲准备的时间十分漫长,说明他很有毅力。

T:对,有毅力的人。好,其他组呢?

S:父亲是个持之以恒的人。第10段,他今天从地里捡回一块砖,明天可能又捡进一片瓦,再就是往一个黑瓦罐里塞角票。虽然这些都很微不足道,但他做得很认真。还有第 16 节,父亲就是这样准备了大半辈子,说明父亲这大半辈子一直都在为后面修这个台阶做准备。

T:持之以恒(板书)。啊很好很好,大家都同意吧?请坐。嗯,×××。

S:我补充一下,第 21 节,父亲放鞭炮的时候,他虽然不敢放,但是他依然要显示出很自然的那种样子,说明他爱要面子。

T:嗯,这说明?爱要面子。啊,有道理!×××。

S:还是 21 节,他仿佛觉得有许多目光在望他,就尽力把胸挺得高些,无奈,他的背是驼惯了的,胸无法挺得高。这里说明他还是一个谦卑的人,虽然他已经修了一个高的台阶,但是他还是依然是朴素敦厚的。

T:谦卑,刚才×××说到一个谦卑,(板书)很好!×××,你要解释一下吗?

S:第 5 节,父亲脚上的沙子多,这说明父亲是一个不怕脏不怕累、辛勤劳动的人。

(大家笑。)

T:辛勤劳动,可以。

S:然后第 8 节,父亲修台阶说明他很迷信。

T:迷信?哪段?(学生:第 8 节。)说父亲是一个迷信的人,同学们同意吗?(学生:同意。)好!还有吗?

S:第 28 段,父亲挑水,他摇摇晃晃的,我要去抢担子他推我,这说明父亲是一个十分倔强的人。

T:倔强?啊,对对对!(板书)还有谁?××(又是那个同学)。

S:在 22 节最后,我亲眼看到父亲在用手去托青石板的时候腰闪了一下。我就不让他抬,他坚持要抬。抬的时候,他的一只手按着腰。他腰已经闪了,还很倔地不让我搬,还坚持要搬。

T:也要说他倔强是吧?还有其他什么性格吗?哪位同学没说过?×××,你说说。

S:还有能够体现倔强的就是父亲一直都是不想体现出自己已经老了,因为他年轻的时候能够把很多石头一口气搬到家,老了就……其实已经没有力气搬了,但他还是很倔强,然后坚持要搬,不让儿子帮他。

T:啊,很好!请坐。咱们就讨论到这儿,大家看黑板上的这些,就是刚才同学们……有的我没写,就是大家总结出来的父亲的形象,有要面子,还有淳朴,有毅力,然后持之以恒、谦卑,然后还有辛劳,刚才还有同学说迷信,我觉得也有道理,所以我也写这儿了,然后是倔强。那好,那么,刚才咱们总结的时候,是通过什么来总结出他的性格?

S:文章。

T:通过文章?通过文章的什么?谁说的描写?好,我刚才好像听到有人说描写,对了,就是描写。其实大家在脑子里也知道这是描写,那比如说他描写了什么?就是刚才大家找的,他描写什么了然后你总结出要面子什么的?

(学生七嘴八舌。)

T:语言、动作……这里面都有吗?都说啦?那我点一个,××你说一下他的动作是在哪儿?

(学生说不出来。)

T:那降低点儿难度啊,不一定说这几个品格,就是你想说的那个他的性格,然后找表现他性格的那个词,或者说动作。

(学生还是说不出来。)

T:其他同学找一找,找到可以说。换一个,×××。

S:第28段,说明他倔强的"推开我"。

T:啊,推开,然后还有吗?表现的是什么?哪个?

S:倔强。

T:倔强,好!倔强倔强倔强。他用了一个"推开"。这是动作描写,还有什么肖像描写、语言描写,大家能找到吗?××。

S:父亲很粗暴地把我推开。

195

T:这是什么描写？神态描写，好！（板书）同学们再想一想，他刚才叙述的比如说，父亲在磕烟的时候，还有就是父亲在挑水的时候，还有就是父亲在捡砖捡瓦，那大家说这是一种什么描写啊？

T:这是人物描写里的，就是通过一些小事情来……描写，叫什么描写？就是通过小事情，非常细小的东西，来表现这个人物的性格特点，或者说他的……他想表现的东西。侧面描写？接近了。还有吗？小事情，小事情，特小的事情，以小见大？前面是两个字，什么的描写？两个字，再专业一点儿！我告诉……有一个叫细节描写。

S:哦——

T:（板书）大家不要小看这个细节描写啊，昨天我在判大家的感动作文的时候我就发现，有的同学的作文呢，他写得很认真，写了一大串儿，但是先开始写得就跟流水账似的。当然这个不是……老师以前写作文也这样，但是你们可以就是说把握，比如说昨天写的，有的同学写妈妈，或者是写清洁工，有吧？好像我看了好几个同学写清洁工，你表现清洁工的性格，表现他（她）的人物形象的时候你就可以通过一些细微的东西，把那个小事情写大，然后写细，这样表现出来的人物就非常的有生活，也非常的生动了，所以同学们可以参照一下这篇文章里边描写父亲形象的方法来加入到我们写作的过程中。好像我记得昨天是……×××，你的吧？你写的是，你写的是……什么？作文，感动？清洁工！对，我记得好像是。你有三段写得特别好，描写得也挺细致的，但是你如果能用一下这个细节描写，把那个清洁工到底是……嗯，在那儿，你说他非常地不容易，非常地辛苦，再细致一点儿，说他到底，当时的哪个动作，哪个神态，哪个表情，哪句话触动了你，把这个小的动作啊，语言啊，神态啊，来写大，那样的话你的作文可能就更好了。这个就是我们今天学到的《台阶》这一课，大家回去，嗯，可以再看一下这个，这个文章它所……所写的细节描写呀之类的，再复习一下，然后等我把大家的作文发下来以后，可以用这个方法再改一下。谢谢大家！

小魏老师《台阶》教学实录

T:好了,上课!

S:起立!

T:同学们好!

S:老师好!

T:好,请坐。今天我们来讲《台阶》。台阶在我们的生活中经常会遇到对不对?我们一天上下台阶都要数不清了。这么一个普通得不能再普通的东西,为什么作者要写?如果你读过课文的话你一定会知道。这个问题我们先放在这里,先不要说了,我们现在检查一下大家昨天对字词的预习情况。检查的方法就是:听写!在听写之前,我带大家快速地浏览一下。大家跟我一起读(课件出示字词),第一个念什么?

S:涎水。

T:对,第二个。竖着念。

S:揩油。

T:揩油,对不对?

(教师不再提醒,学生齐读字词。)

T:下面拿出听写本儿或者一张纸,请一位同学到黑板上来写,××同学。好,准备好我们开始听写。把纸上写上名字,下课我要收。

(听写。)

T:现在我们来进入文章的学习。看,第八课,《台阶》(板书)。谁写的?

S:李森祥。

T:李森祥(板书)。昨天我让大家预习课文了,现在实事求是地告诉我,有多少人没有看？没看的举手！都看啦？×××没看？那好吧，我再给大家三分钟的时间，大家现在快速地读一下课文，用最简洁的语言把你认为课文的主要内容写下来，写在刚才听写的下边。好，快速地浏览一下课文，标上自然段。一会儿我找人来说啊，一定要把你认为的主要内容写在纸上。

（学生浏览课文。）

T：（教师巡视）想一想这篇文章到底都说了什么？

T：有人写好了吗？一个都没有？那我点了啊。×××，说一下，你觉得这篇文章到底写了什么？

S：幼年的时候我摔了一跤，然后父亲……

T：想一想，想一想，这篇文章说了什么？大致的内容。这篇文章有多少页，很多页对不对，我让你用几句话来概括它，说得了这么细节吗？大体说了什么事儿？好吧坐下，×××说一下。

S：父亲觉得我们家的台阶低，然后重新盖了一座高台阶的房子。

T：好，坐下。有和×××的不同的吗？你们都同意×××的说法吗？×××。

S：这篇文章讲的是作者家里的台阶由三级变到四级，就是父亲慢慢积攒材料盖起的台阶。

T：你觉得全文写的就是父亲慢慢积攒材料去盖一个台阶是吗？是这样吗？好，请坐。大家都是这么认为的？是吗？有不同意见吗？或者你们支持他们吗？怎么都这么沉默啊！×××，别摇头。看了半天总要知道点儿什么吧？好，那我们接着××同学的。他说父亲为了盖一个高台阶，他一直在一砖一瓦地准备对不对？刚才×××也是这么说的。大家看一下我这个（出示课件），你们觉得我这个对吗？对？真的对呀？好，现在我们就进入课文，看一下这篇文章到底说的是什么。大家打开书，你看，这篇文章开头是不是就说了，开头第一句话是什么？读一下，"父亲总觉得我们家的台阶低。"对不对？如果是你，你曾经抱怨过你们家的台阶低吗？

S:没有。

T:没有成天坐在那里去抱怨对不对？那为什么父亲会？台阶真的是台阶吗？

S:地位……象征……

T:台阶是地位,有人说出来了。好现在,我再给大家一点点时间,看看1—9自然段,把那句原文找出来给我,书中是怎么说的,台阶是地位的?是哪句?

S:第8段。

T:大家看第8段。第8段哪儿? ×××。

S:第8段就是最后一句话。

T:读一下,读一下原文。第8段的原文是怎么说的?

S:乡邻们在一起常常戏称,你们家的台阶高! 言外之意,就是你们家有地位啊。

T:嗯,好,大家都认为是这句吗? ×××,你认为是哪句?

S:应该是从"家乡地势低"开始。

T:你觉得这一段都是? 我只要那句确切的话,是哪句? ×××。

S:另外还有一说,台阶高,屋主人的地位就相应高。

T:对,这句话对不对? "台阶高,屋主人的地位就相应高。"换句话讲,父亲对于台阶的要求其实就是对于地位的要求,他是嫌自己家的台阶低吗? 他是嫌他家的地位低对不对? 那好,我的下一个问题又来了,父亲为了改变地位,为了建一所有高台阶的屋子,他都做了什么事情? 大家现在再从第10—24自然段中找给我,父亲为了建一所有高台阶的屋子,他都做了哪些事情? 一会儿我找人来说,大家总结一下。

(学生读书。)

T:有人找到吗? 不难对不对? ×××。

S:在第10段。

T:大家看第10段。

S:他今天从地里捡回一块砖,明天又捡回一片瓦,再就是往一个黑瓦罐里塞角票。

T:嗯,还有吗?(学生:没有了。)说了,他今天捡回一块砖,还有什么?还捡瓦。塞角票是什么?存钱对不对?(板书)大家再来找一找,还有什么?父亲还做了什么?××。

S:捡卵石、编草鞋。

T:捡卵石、编草鞋。好(板书)!再找找,还有吗?×××。

S:去山里砍柴。

T:砍柴(板书)。还有吗?父亲做了很多对不对,还做了什么?×××

S:种田算吗?

T:种田,算,为什么不算?(板书)好,那父亲花了多少时间做这个书上有没有说?

S:(七嘴八舌)大半辈子。

T:他花了大半辈子的时间(板书)来做这些。看啊(指板书),父亲捡砖、捡瓦、存角票、种田、砍柴、捡石头、编草鞋……哦,这还没完呢,继续啊。这些只是他的准备,那他造房子的时候,都做了哪些事情?从哪儿开始看?第17自然段。看他造房子的时候是怎么干的。×××。

S:第17自然段第一行。白天他陪请来匠人一起干,晚上他一个人搬砖头、搬泥,筹划材料,干到半夜。然后睡三四个钟头,他又起床安排第二天的活儿。

T:嗯,好,坐下。用一个词来概括父亲的这个是什么?

(学生小声嘟囔。)

T:他怎么样?他早起晚睡地去干活,他甚至比那些匠人还要积极对不对?匠人才是真正需要干活的,但是他比雇佣的匠人还积极。来,还有吗?×××。

S:那天早上父亲天没亮就起了床,我听着父亲的脚步声很轻地响进院子里去。我起来时,父亲已在新屋门口踏黄泥。

T:踏黄泥,对吗?(板书)好,请坐。好,父亲做了很多很多的活儿对不对?你觉得父亲忙吗?累吗?(学生:累!)父亲这么忙,这么累,他比匠人干活还要积极,他为的是什么?

(学生七嘴八舌。)

T:为的就是从一个……他家的低台阶,也就是象征着他的地位低,来建一个高台阶,从而受到人们的尊重对不对?那好,父亲建成高台阶了么?

S:建成了。

T:建成了对不对?那父亲建成高台阶之后,父亲又怎么样?他是每天特别开心地坐在他的高台阶上眉开眼笑吗?他应该的对不对?他奋斗了这么大半辈子,终于建成了他梦寐以求的高台阶了,他应该会不会很开心?

S:嗯。

T:可是大家看看书,第25—32自然段,父亲对这个高台阶有什么看法?有什么表现?他是什么样的态度?找一找?父亲在高台阶上怎么样了?都发生了什么事情?从第25自然段开始看。对于这个高台阶父亲喜欢不喜欢?

S:喜欢。

T:喜欢。他喜欢,可是呢?可是他又怎么样?

S:不高兴。

T:不高兴。为什么不高兴?

S:因为他好多事儿做不了。

T:做不了?他有什么事儿做不了?

S:抽烟完了……

T:他不敢往台阶上磕烟(板书)。还有呢?×××。

S:他以前总是坐在台阶上,可是现在他总是觉得坐得太高了,和人打招呼特别不自在。

　　T:怎么样怎么样,什么感觉?

　　S:高人一等、居高临下的感觉。

　　T:居高临下,他觉得居高临下怎么样?

　　S:不自在。

　　T:不自在对不对?（板书)还有吗?

　　S:还有就是,如果坐到门槛上去,但门槛是母亲的位置,村里有风俗,夫妇两人不能大庭广众之下合坐在一条板凳上。还有挑水,父亲身子晃了晃,水便泼了一些在阶上,我连忙去抢父亲的担子,他却很粗暴地一把推开我,不要你凑热闹,我连一担水都挑不动吗?

　　T:那他大概挑得动还是挑不动?

　　S:挑得动,呃,挑不动挑不动。

　　T:他其实是挑不动的,对不对? 你看父亲挑水时候的动作是什么? ×××,请你把第28段读一读。

　　（学生读课文相关段落。）

　　T:父亲挑得动挑不动?（学生:挑不动。)他很费力是不是? 他即使挑得动也很费力了。好,坐下。好,还有吗? 没有了,我们来看啊,我已经和大家一起把整个文章的脉络大体地捋了一遍了,总之他是不自在对不对? 现在,我要求你们四个人一小组,根据我黑板上的内容,还有你们的课本,完成我们的这个环节,造句!（课件出示相关要求。)父亲是一个什么样的人? 因为什么? 大家来看一下我造的句子,父亲是一个要强的人,因为他总觉得我们家的台阶低。我的要求是,你们认为的父亲是一个什么样的人,一定要有课文做依据,他一定要是源于课文的。我们先讨论一下好不好? 一会儿我们挨个儿组发言,前面组说过的后边的组就不要再说了,所以如果你们组不能确保先发言,就请多准备几个,不然站起来没的说就糠了。另外,好好想一想,把句子造精致一点儿。开始!

(小组讨论,教师巡视。)

T:转回来转回来! ×××先举的手,×××先说。

S:父亲是个倔强的人。

T:倔强的人,为什么父亲是个倔强的人?

S:因为第22自然段倒数第三行,我亲眼看到父亲在用手去托青石板的时候腰闪了一下。我就不让他抬,他坚持要抬。抬的时候,他的一只手按着腰。

T:好! 你觉得父亲抬不动青石板但硬要抬,所以是一个倔强的人? 好,请坐。×××。

S:我觉得父亲是一个有梦想有追求的人。

T:有梦想有追求? 从哪儿看出来的?

S:就是从他花了大半辈子,为了他的追求。他捡砖瓦,往黑瓦罐里塞角票。

T:你通过这儿看出他是个有梦想有追求的人?

S:是。

T:好,请坐。可以吗大家觉得? 谁说不可以的? ×××。

S:父亲是一个细心的人。

T:细心的人,为什么?

S:造台阶的时候,他每天都要浇一遍水,之后还要看看台阶有没有实。

T:嗯,好,请坐。×××。

S:父亲是个勤劳的人,看第17自然段。白天他陪请来匠人一起干,晚上他一个人搬砖头、拌泥,筹划材料,干到半夜。这就说明他比那些匠人还肯干。

T:嗯,好(板书),请坐。×××。

S:父亲是个有毅力的人。

T:有毅力? 我写这儿。(板书)

S：因为他准备了大半辈子，一直在坚持这一个梦想、一个追求。

T：他一直在坚持这一个梦想对不对这一辈子？好，请坐。×××。

S：我认为父亲是个不愿意接受事实的人。在28自然段，我连忙去抢父亲的担子，他却很粗暴地一把推开我，不要你凑热闹，我连一担水都挑不动吗？

T：他这是不愿意接受事实吗？

S：他明知道自己老了抬不动水了，还逞能说自己抬得动。

T：他明知道自己抬不动……

S：他明知道自己老了抬不动这一担水，他还非逞能。

T：大家觉得这个不愿意接受事实……他是不愿意接受事实吗？用一个更好的词来解释这个不愿意接受事实是什么？逞强、要强是不是？好请坐。×××。

S：父亲是个胆小的人。看第21自然段，父亲从老屋里拿出四颗大鞭炮，他居然不敢放，让我来。（大家笑）

T：他不敢放炮让你来放？

S：那是不好意思。

T：不好意思？大家是觉得胆小对还是不好意思对？害羞？又出来一个！不好意思是不是就是害羞？

S：刚建房子嘛，他有一个不自在。

T：我不用你们管顺序，什么开始啊结束。我现在就让你们造个句，觉得父亲是个什么样的人，你为什么这么觉得？×××，来吧。

S：我认为他是一个爱惜东西的人。从第2段可以看出来，磨破了一双麻筋草鞋，父亲觉得很可惜。

T：（板书）爱惜东西，换一个词儿是什么？节俭是么？表现在他爱惜东西对不对？还有哪个组没说呢？来吧，××。

S：第3自然段倒数第三行，父亲是一个勤快的人，天若放晴，穿堂风一吹,青石板比泥地干得快,父亲又用竹丝扫把扫……

T:勤快的人,好,有效。×××。

S:父亲是个老实厚道的人。

T:老实厚道,从哪儿看出来的? 来读一下。

S:第9自然段,父亲老实厚道、低眉顺眼,累了一辈子。

T:对不对? 对! ×××。

S:父亲爱吸烟。

T:父亲爱吸烟? 这是父亲的性格吗? (学生齐声说不是)请坐。还有吗? ×××。

S:父亲是个不拘小节的人。

T:不拘小节,从哪儿看出来的?

S:因为他大概到过年才在家洗一次脚。

T:好,请坐。我不知道大家……(打下课铃了)到现在为止,我们总结出了(指黑板总结)父亲是一个有毅力的人、要强的人、倔强、有追求、细心、勤劳、胆小、老实厚道、有追求、节俭、不拘小节……到目前为止,大家说得差不多了。大家分析得很棒,父亲就是这样的一个人。看我的这个(指课件),是不是我们差不多都说出来了? 只有一个没说出来,就是谦卑。本来想给大家再分析一下,现在也没时间了。如果有时间一定要说说,为什么父亲是一个谦卑的人? 这节课就到这里,下课!

小齐老师《台阶》教学实录

T:我们在生活中经常会看到很多台阶,台阶高高低低各有不同。我们来看大屏幕上的几张图片,(出示图片)像这张是乡间小路的台阶,这张是农家院落的台阶,还有巍巍中山陵的台阶、香山路上的台阶、故宫博物院的台阶,还有拥有最多台阶的长城。同学们会发现,在这些图片中,越是恢弘的建筑,它拥有的台阶也就相应地——(学生:高!)高、多,又多又高对吧?那我们这节课就来学习台阶,看看文章中作者的父亲和台阶到底有着什么样的故事。

T:(板书)《台阶》,李森祥。这篇文章需要大家掌握的文学常识就是掌握《台阶》是当代作家李森祥写的就可以了。在进入主题之前,我需要检查一下大家昨天的预习情况,从×××同学开始,每个人读一个词。

(教师出示要求掌握的字词,学生一一读字词。)

T:好! 大家掌握得还是不错的,现在大家把这些字词齐读两遍,一、二,开始!

(学生齐读字词。)

T:请大家拿出一张纸,我再请两位同学到黑板上来写。有自愿的吗?(有学生举手,老师点名。)第一个词……(听写。)

T:好,我们来看一看大家写得对不对? 我就订正黑板上两位同学写的,大家自己订正自己的。

(订正字词。)

T:下面我们进入正题,请大家用两分钟的时间迅速地再浏览一遍课文,老师昨天留作业的时候已经让大家预习了,把这个文章给大家划分出了三个部分,现在大家再浏览一遍,总结概括一下这三个部分分别的段意,然后我请同学来回答这个问题。

(学生默读课文,准备答问。)

T:好,大部分同学其实都已经在课下写了吧? 老师根据造台阶的线索,为大家划分了三个部分。第一部分是1—9自然段,第二部分是第10—24自然段,第三部分是25—32自然段。有哪位同学可以告诉老师,这三大段分别的段意是什么? 大家积极发言,我看有的同学概括得很不错!×××同学。

S:第一段就是说,父亲是一个老实厚道的人,他不愿意自己家里的人住的没有台阶,所以就一定要盖一座有高台阶的屋子。

T:嗯,第一段是父亲为什么要建新台阶的原因。第二大段? ××同学。

S:我觉得是父亲下决心开始准备造屋。

T 父亲准备造屋的过程,对吧! 第三段? ××同学。

S:第三段是父亲把屋子造好了,但是他人也老了。

T:嗯,第三段写的是父亲造屋后的变化,他已经身体垮了,人也老了。是吧? 对,很好。咱们概括文章的时候,概括段意的时候要抓住重点,而且最后总结的词要用概括性的词语,比如说"……的原因",不要说为什么。好,我们现在要做的,这节课的重点是分析和把握父亲的形象特点,在之前《信客》和《背影》的时候,这些课文我们已经对把握人物形象这方面的能力做了很多训练,同学们掌握得也不错。在这篇文章中,遇到的问题是父亲的形象特点是比较相对复杂的,所以我们要按照刚才老师划分的那三个部分,来逐段地分析、把握父亲的形象特点。在分析父亲的形象特点之前,我们来复习一下小说是如何刻画人物形象的? 总体来说,刻画人物形象主要用正面刻画和侧面烘托两种方式,×××同学你告诉我一下,正面刻画都包括哪几种? (小声提醒学生:PPT 上写着呢。)

S:正面刻画包括……语言、动作、心理、神态。

T:嗯,好。那么简单来说呢,就是外、语、动、心、神这五种正面刻画的方法;那侧面烘托,我给大家解释一下,侧面烘托可能同学不是很理解,就是用他人的评价,或者说用一些别的事物和人物来衬托我们要说明的人物的形象特点。给大家举一个例子,大家就可以很好地理解侧面烘托是一个什么样的情况。在《三国演义》中,写吕布对貂蝉一见钟情的时候,有一个情节,吕布在相府中喝酒,貂蝉来献舞,这个时候先是貂蝉的丫鬟上来献舞,吕布刚要喝酒,酒杯就停在自己的嘴边,就注视着——人家姑娘长得美呀! 作者就用了大量的篇幅来写这些姑娘跳舞,是身段多么地优美,杨柳细腰,五官长得多么地精致,多么地漂亮,眉毛眼睛写得都非常地细致。这个时候,小姑娘退场了,貂蝉随着乐歌开始跳舞,这个时候作者没有花丝毫的笔墨来描写貂蝉的面容,那么这时候怎么写的呢? 吕布本来停住的酒杯哐当一声就掉到了地上。所以说可以从侧面衬托出貂蝉要比丫鬟还要美上十倍、百倍,所以说这就是用外物,或者说用他人侧面衬托或烘托出要写的这个人物特点。所以说大家在接下来的三个部分的段落分析的时候,一定要注意找到文中正面刻画父亲人物形象和侧面烘托父亲人物形象的这些句子。那我们来分三个部分,首先进入第一个部分,台阶代表了什么? 父亲为什么要造一栋有高台阶的房子? 大家阅读第1—9段。在文中找到确切的那句话,台阶代表了什么? 父亲为什么要花费大半辈子的时间去造一个有新台阶的屋子?

(给了学生几分钟读书。)

T:我看同学一下就找准了位置了,我就要那最标准的一句话,可能大家找到了段落,我要那一句话,有谁找到了么? 好,×××同学!

S:在第9自然段,父亲老实厚道、低眉顺眼了一辈子,没人说过他有地位,父亲也没觉得自己有地位,他日夜盼着准备造一个有高台阶的屋子。

T:嗯! 这段话说的什么? 说父亲是希望自己有地位,渴望被尊重,希望用自己的双手去盖一座有新台阶的房屋,从而……从而怎么样? 去改变和获得地位对不对? 好,请坐。有谁能确切地找到这句话? ×××同学。

S:在第8自然段的第三行,另外还有一说,台阶高屋主人的地位就相应高,乡亲们在一起常常戏称你们家的台阶高,言外之意就是你们家有地位。

T:好,很好。那这句话就是台阶高屋主人的地位就……相应高。那台阶代表的是什么呀?

S:地位。

T:这也就是父亲对于地位的要求,他希望争这口气,用双手去改变他农民阶级的地位,他不甘心低人一等,台阶在这里就是地位的含义。那现在我们来再看一下1—9段,还有什么描写父亲形象的句子来表现父亲的特点? 1—9自然段……其实刚才×××已经找到这段话了吧? 那这段话能够说明父亲什么性格特点啊?

S:(七嘴八舌)要强。

T:要强,非常好。还有呢?看看前边,父亲有着什么样的形象特点?我们说形象特点不光包括他的性格,还有他的意志品质这些方面,能不能找到?大胆说没关系。×××找到了吗?还没……有谁找到了?那我们来接着看这段。大家看文章第5段,这句话(课件出示"他的脚板宽大,裂着许多干沟,沟里嵌着沙子和泥土"。)写的是他的脚板宽大,裂着许多干沟,沟里嵌着沙子和泥土,这是对于父亲的什么描写?

S:(齐)外貌。

T:外貌,就是属于正面刻画的外貌描写,写了父亲的脚对不对?这句话有没有找到呢?然后,那他说明了父亲什么样的形象特点?

S:(个别同学)朴素。

T:朴素?因为父亲一直辛苦地干活儿。还有呢?勤劳。我们再看文章的第二部分,造屋的过程。父亲是怎么样造起高台阶的屋子的?注意找那些父亲辛苦工作,日夜不间断地工作,长年无休的辛劳的句子。(给同学时间自读,教师在行间相机指导。)有同学找到了么?很简单,在前半部分就能找到。××同学。

S:一年中七个月在种田,四个月在山里砍柴,半个月捡卵石,剩下半个月用来过年、编草鞋。

T:好,非常好,找得非常准!一年十二个月,父亲七个月在种田,四个月?砍柴。半个月?捡卵石,剩下半个月才用来过年,而且还是过年的时候才能休息,休息的时候还得再编草鞋。为什么要编草鞋?因为后面多少段说了?第15自然段说了,父亲鸡叫三声就出去砍柴,天擦黑的时候才能回来,一天走的山路就要磨破一双草鞋,是不是?所以说这些都说明了父亲有着什么样的精神品质?或者说他的形象,他的形象特点?十二个月长年无休,咱们上学已经够苦的了,还有寒暑假,父亲一年都没有休息,过节的时候休息两天,那说明父亲有什么样的精神品质?(学生小声发表意见)不怕吃苦、吃苦耐劳,再换个词儿?×××同学。

S:有毅力。

T:有毅力?好!那我们把大家这些词都概括一下,吃苦耐劳、有毅力,然后我们出来一个词是什么?坚忍不拔的精神。还有吗?他终年辛苦,准备了大半辈子,一砖一砖地捡,一角钱一角钱地攒,说明父亲勤勤恳恳,而且非常地……什么?耐心?还有什么?刚才有人说对了,他非常地怎样?节俭。我们接着看,父亲做了哪些事?九级台阶,要一层一层地往上爬,父亲都做了什么?大家看啊,看第10自然段。怎么样?(学生小声读课文)他今天捡回一块砖,捡砖,明天捡进一片瓦,然后呢?还要往黑瓦罐里塞角票吧?接着呢?他七个月种田,四个月砍柴,半个月捡卵石,半个月过年编草鞋。之后呢?踏黄泥。台阶低地位低,父亲用了大半辈子的时间准备,勤奋地工作,他要达到一个什么样的地位?台阶高,受人尊重的地位。那我们接着往后看,在台阶即将建好之时,也就是第二部分的后半部分了,父亲又表现出什么样的形象特点?(学生默读1分钟)在大家都在为他庆贺的时候,都在羡慕他的时候,父亲怎么样了?

S:父亲老了。

T:父亲老了,那表现出来的是?有人找到吗?×××同学。

S:在21自然段的第四行,许多纸筒落在父亲的头上肩膀上,父亲的两手没处放似的,抄着不是,贴在胯骨上也不是。他仿佛觉得有许多目光在望他,就尽力把腰挺得高些,无奈,他的背是驼惯了的,胸无法挺得高。因而,父亲明明该高兴,却露出些尴尬的笑。

T:好,非常好!父亲辛苦了大半辈子终于这一天台阶落成了,开始放鞭炮了,那乡亲们投给父亲的目光应该是什么样的目光啊?

S:(齐声)羡慕。

T:羡慕……对,羡慕。这个时候,父亲想挺直他的腰板,能够自豪骄傲一点儿,但这个时候,长年累月的辛劳已经压弯了父亲的腰;那这个时候父亲本来应该是宽慰的笑,他应该非常欣慰,但是这时候为什么又露出尴尬的笑容呢?

S:(小声说)觉得自己老了。

T:父亲老了? 父亲建台阶所付出的代价是……沉重的,是巨大的,而父亲这个时候所表现出来的呢,是农民阶级……我们说父亲之前表现的是农民阶级特有的勤劳、朴实、朴素、憨厚这些性格特点,那现在呢? 这也是农民阶级所特有的形象特点,是什么? 能够总结出来吗? 父亲一时间不能够适应自己……这是别人给他的羡慕的目光,他已经低眉顺眼惯了,一辈子吧? 他现在心里有什么? 有自卑,有谦虚,所以说我们概括出一个词,有谁能试着概括一下吗?

S:谦卑。

T:这也是农民阶级身上所特有的,谦卑。那么我们接着看第三部分,在造屋后,新屋造好后父亲有什么样的变化? 为了方便大家找啊,老师已经列好了(出示 PPT):在三级青石板台阶的时候,父亲怎么样? 年轻力壮,在台阶上磕烟斗,坐在台阶上很舒服,一直在奋斗,大家在第三部分着重找跟这四项相对应的父亲变化的句子。

(学生找,教师巡视。)

T:第一个空儿,有谁找到了吗? 年轻力壮,表现父亲现在衰老的句子? 启发大家一下,打开文章第 2 自然段,67 页第 2 自然段,父亲在第一次搬这三块青石板的时候是怎么搬的?

(学生七嘴八舌。)

T:一气儿就背了三趟,一点儿都不惜力,怎么样? 只可惜那双草鞋。要是咱们搬石头,一定是哎哟累死我了! 是不是? 可是父亲一点儿都没觉得累,反而是可惜那双鞋。那之后呢? 之后在卸青石板的时候怎么样? (学生:闪了腰。)父亲闪了腰吧? 所以说父亲从年轻力壮经过了这几十年的折磨,怎么样了？身体……垮了。在台阶上磕烟斗，那现在怎么样？有谁找到了？

（学生七嘴八舌。）

T：×××同学。

S：憋住了。

T：憋住不磕烟了，因为水泥板不结实。

T：坐在台阶上很舒服，之前父亲是怎么坐的？

S：坐在……

T：屁股坐在最高一层，脚放在……

S：最低一层。

T：那现在呢？坐哪儿都觉得不合适吧？索性就坐到最低，他又觉得坐在最低怎么样？太低了他又坐到门槛上去，到后来他就不爱坐台阶了，不自在。所以我们概括出父亲之前一直在奋斗，作为一个农民阶级的父亲，辛辛苦苦一辈子，劳动就是他的……

S：价值。

T：价值，他生命的意义。那这个时候，他已经老了，那他这个时候是一种什么样的感觉？他已经不能再劳动了，他连挑个水都闪了腰，儿子来帮他，他推开儿子，他有一种什么样的情感？好，×××同学。

S：若有所失。

T：好，非常好，若有所失。那我们之前提到了，父亲挑水，然后呢？是怎么描写父亲挑水的时候？这儿的描写是什么样的描写？

S：语言。

T：语言，还有什么？

S：动作。

T：动作，对，动作和语言非常形象地把父亲颤颤巍巍挑水的这样的动作和神态都描写出来了吧？谁帮我读一下？找到了吗？把这一段读一下！×××同学。

(同学读相关段落。)

T:父亲这时候是什么一种心情? 他辛苦了一辈子,他自己亲手建的新台阶,全家人住进了新屋,作为一个顶梁柱的父亲这时候身体垮了,父亲老了,他会是一种什么样的心情?(有学生小声回答)沮丧、失落? 但这个时候他服输了吗?(学生:没有。)他没有,他还对儿子说你躲开,我来。对不对? 那表现了父亲一种什么样的性格?

S:要强。

T:要强,还有吗? 这时候应该换一个词是什么? 倔强,注意是二声。分析完了三个部分的父亲的形象,我们请同学概括一下父亲的形象特点,简单地概括一下就可以,简单地概括一下父亲的形象特点有哪些? 有组织好语言的了吗? ××同学,试试。

S:父亲是一个要强、很谦卑,若有所失……

T:若有所失是性格特点吗?

S:啊不是! 倔强,比较坚忍不拔。

T:坚忍不拔。那我们可以从正面的一方面,和略有欠缺……呃,就是农民阶级的另一方面的特点来分段概括吧? 那是什么?(课件上展示答案,教师朗读。)我要问同学们一个问题啊,父亲辛苦了大半辈子,造了这个台阶,最后结果身体都垮了,那父亲的地位真正地改变了么?

S:(小声议论)没有。

T:在别人心里他虽然住上了大房子,但是他本身的地位,他所拥有的财富,或者说他所拥有的别人尊重的地位,真正得到改变了么? 大家看文章第15段。父亲每天上山砍柴,冬天砍了四个月的柴,每天得走破一双草鞋,他才得到多少钱? 他的收入和他的付出成正比吗? 所以这也表现了作者对父亲寄予的什么感情呀? 对农民阶级的一种……同情! 那对于这种现状,农民阶级辛辛苦苦一辈子,还没有我们大学生上班之后一天挣的多,也表达了作者所希望,对于这种现状……加以改变的……希望和期望吧? 那我们来看一下作者的思想感情,×××同学帮我读一下。

（学生朗读课件展示的概括作者思想的一段话。）

T:最后对于这节课我做一个小结。其实我们读了父亲的形象特点之后,能够感受到作者寄寓在农民阶级身上的那种同情,和他们所付出的沉重代价的一种心疼,那对于我们的父亲其实也一样,我们同学现在已经是上初中了,现在正是青春期撞上更年期的时候,过了这个阶段,你会发现父亲的岁数也越来越大,你会发现父亲也在慢慢变老,你会发现本来是站在你身后家里的顶梁柱,也会变老,就像课文中这么能干的父亲身体也会垮一样,所以说我们怎么样呢? 我们对于父亲要能够有感恩,肯定父亲身上的优点。（打下课铃了）好,这节课上到这儿,下课!

参考文献

陈向明《质的研究方法与社会科学研究》,教育科学出版社 2000 年版。

刘初生等编著《教育实习概论》,2001 年版。

刘彩霞《语文教育实习课程论》,人民教育出版社 2002 年版。

陈向明、林小英编《如何成为质的研究者——质的研究方法的教与学》,教育科学出版社 2004 年版。

[美]罗伯特·K. 殷《案例研究:设计与方法》,重庆大学出版社 2004 年版。

陈文涛、刘霄主编《教育实习的实践与创新》,河南大学出版社 2006 年版。

顾敦沂主编《教育实习指导书》,人民教育出版社 2006 年版。

薛猛《中学语文教育实习行动策略》,东北师范大学出版社 2007 年版。

[美]乔伊斯·P. 高尔、M. D. 高尔、沃尔特·R. 博格《教育研究方法使用指南》,北京大学出版社 2007 年版。

陈向明主编《质性研究:反思与评论》(第一卷),重庆大学出版社 2008 年版。

姜美玲《教师实践性知识研究》,华东师范大学出版社 2008 年版。

林一钢《中国大陆学生教师实习期间教师知识发展的个案研究》,学林出版社 2009 年版。

[美]埃文·塞德曼《质性研究中的访谈:教育与社会科学研究者指南》,重庆大学出版社 2009 年版。

［美］约翰·洛弗兰德、戴维·A.斯诺、利昂·安德森、林恩·H.洛夫兰德《分析社会情境：质性观察与分析方法》，重庆大学出版社 2009 年版。

［美］丹尼·L.乔金森《参与观察法》，重庆大学出版社 2009 年版。

［美］赫伯特·J.鲁宾、艾琳·S.鲁宾《质性访谈方法：聆听与提问的艺术》，重庆大学出版社 2010 年版。

朱晓民《语文教师教学知识发展研究》，教育科学出版社 2010 年版。

周跃良、杨光伟主编《教育实习手册》，高等教育出版社 2010 年版。

周立群、陈斐、杨泉良主编《语文教育实习导论》，广东高等教育出版社 2010 年版。

陈向明等《搭建实践与理论之桥——教师实践性知识研究》，教育科学出版社 2011 年版。

后 记

    2011年,北京市教委启动了"市属高校青年教师研修基地"的项目一期,面向市属高校40岁以下的教师,青年教师可以借助这个项目,申请北京大学、人民大学等五所高校中的专业和导师,前往学习。此时已39周岁的我,抓住这最后的机会,申请到北京大学教育学院陈向明教授处访学。本书即为此次访学的一个初步的答卷。

    几年来,我一直跟踪学习陈向明老师的研究成果,因为她基于质的研究范式进行的教师实践性知识研究,给予了我很大启发,正如文章中所说的,在语文教学研究中,因为语文教学论专业研究的不成熟,对语文教学经验中难以言传的艺术一直无法进行有效的研究,而质的研究方法的基本特点,即立足被研究者立场,以研究者自身为研究工具,对其经历进行理解性阐释,与语文教学的特点尤其契合;而教师实践性知识所要发掘、建构的,恰恰是语文教师富有但难以言说的经验、艺术和教学机智。

    如果说教师对学生的尊重应该体现在认真教学上,那么此次访学中我得到了陈老师最大的尊重!不仅仔细安排了我的学习计划,而且亲自和我要旁听课程的执教老师介绍情况,使我享受到与北大的博士、硕士同样的教育资源。

    除了安排我听课以外,陈老师还让我参与了她主持的教育部人文社会科学研究规划基金项目"知识转化与身份获得:实习生与重要他人互动模式研究"的课题研究。在这样一个高端、高质、高效的学术交流活动中,收获的不仅是专业经验,还有追求更严谨的学术研究的激励。

　　由于我是高等师范院校的语文课程与教学论专业教师,职前教师教育是我专业研究和教学工作的主体内容,我决定把对中文师范专业实习生实习语文教学的情况,作为此次研修的结业论文选题。从选题到定稿的过程,实际上是亦步亦趋地跟着陈老师学习的过程,特别是最后阶段陈老师对我的稿子所做的详细批阅,让我对研究效率的理解有了一个质的飞跃。

　　其实,这个文本仍然是十分不成熟的,如果说其中有什么让我匆匆拿出来的理由,就是它呈现了师范中文专业几位实习生的教学状况和体验,对于教育实习的改进,和高师学科教学法类课程的研究和教学,都会有一些启示。

　　在此,我要感谢我所在的首都师范大学文学院,多年来院系对我的培养、理解和鼓励,是我能够一直平稳地从事语文教学论的专业研究和教学的基本保障;如果没有院系的支持,也没有这个阶段性汇报的面世。

　　最后,我要特别向作为我研究对象的几位实习生致谢! 现在他们已经走上语文课堂的讲台了,我真诚地祝愿他们,都能够成为优秀的语文教师!